Andreas Förster

Schatzräuber

Die Suche der Stasi
nach dem Gold der Nazizeit

W0195261

Andreas Förster

Schatzräuber

Die Suche der Stasi
nach dem Gold der Nazizeit

Ch. Links Verlag, Berlin

Die deutsche Bibliothek – CIP-Einheitsaufnahme

Förster, Andreas:
Schatzräuber : die Suche der Stasi nach dem Gold der Nazizeit /
Andreas Förster.– 1. Aufl. – Berlin : Links, 2000
ISBN 3-86153-204-2

1. Auflage, März 2000
© Christoph Links Verlag – LinksDruck GmbH
Schönhauser Allee 36, 10435 Berlin, Tel. (030) 44 02 32-0
www.linksverlag.de
Umschlaggestaltung: KahaneDesign, Berlin, unter Verwendung
eines Fotos von Erhard Schreier
Satz: Susanne Heerdegen, Ch. Links Verlag
Lithos: LVD GmbH, Berlin
Druck und Bindung: Friedrich Pustet, Regensburg
ISBN 3-86153-204-2

Für Katharina und Christoph

Inhaltsverzeichnis

PROLOG

Geheimnisvolle Kisten voller Gold, Silber und Edelsteine

Am 21. Dezember 1989 rollen ein dunkler Lada und ein Kleintransporter auf den Hof der Ost-Berliner Staatsbank in der Charlottenstraße. Die Fahrzeuge kommen vom Lichtenberger Hauptquartier des Stasi-Nachfolgers »Amt für Nationale Sicherheit«, wo man in diesen Tagen noch in der Illusion lebt, als demokratisch legitimierter »Verfassungsschutz der DDR« Wende und Mauerfall überstehen zu können.

Hastig schaffen die Fahrzeuginsassen Kisten, Säcke, Taschen und Koffer aus den Wagen ins Gebäude. Die streng geheime Aktion darf kein Aufsehen erregen, denn die insgesamt 112 Behältnisse beinhalten einen Schatz: Edelsteine, Blatt- und Zahngold, Silberbarren, kostbare Schmuckstücke, seltene Münz- und Briefmarkensammlungen, alte Orden, Uhren und Mineralien. Diese Werkstücke stammen aus den Kellern der Stasi und gehen an diesem Tag in das Eigentum des DDR-Finanzministeriums über. In einem Tresor der Staatsbank sollen sie die Weihnachtsfeiertage und den Jahreswechsel sicher überstehen, geschützt vor möglichen Zugriffen der Bürgerkomitees.

In den ersten Januartagen 1990 werden die verplombten Behältnisse geöffnet und ihr Inhalt von zwei Arbeitsgruppen gesichtet. Die Kostbarkeiten sollen möglichst schnell und geräuschlos verwertet, der Erlös dem Staatshaushalt zugeführt werden. Die Aktion steht unter der Leitung der stellvertretenden Finanzministerin Herta König und des Leiters der Inspektion im Finanzministerium, Dr. Detlef Wilberg. Kein Zufall, denn was zu diesem Zeitpunkt kaum einer weiß: Herta König – alias IMS »Gudrun« – und Dr. Wilberg – als »Offizier im besonderen Einsatz« (OibE) Oberstleutnant der Hauptabteilung XVIII – sind der Stasi besonders verpflichtet.

In den Folgemonaten verlieren sich die Spuren des »Stasi-Schatzes«. Im Bundesfinanzministerium, das erst Anfang 1999 durch einen Hinweis des früheren DDR-Bürgerrechtlers Reinhard Dobrinski auf die damaligen Vorgänge aufmerksam gemacht wurde, hat man bei der Übernahme der Alt-Bestände des DDR-Finanzministeriums im Oktober 1990 keine Unterlagen dazu gefunden.

Eher unwahrscheinlich ist, daß sich irgendwelche Seilschaften die Pretiosen im Frühjahr oder Sommer 1990 unter den Nagel gerissen haben. Für diese Absicht hätte man sich den »Umweg« über das Finanzministerium sparen können. Viel mehr spricht dafür, daß die Wertgegenstände tatsächlich verkauft und anschließend gezielt Spuren vernichtet wurden, um die Existenz und die Herkunft des »Stasi-Schatzes« zu verwischen.

Wie sich inzwischen herausstellte, hat das Ministerium für Staatssicherheit in den vier Jahrzehnten seiner Existenz nicht nur Oppositionelle und »Andersdenkende« im eigenen Land verfolgt, Westpolitiker ausspioniert und Partisanen für das letzte Gefecht mit dem Klassenfeind geschult. Mit nie erlahmendem Eifer suchte die Stasi auch nach geheimen Depots und unterirdischen Verstecken, in denen die Nationalsozialisten kurz vor Ende des Zweiten Weltkrieges ihre in ganz Europa zusammengeraubten Schätze vor dem Feind verbargen.

Mielkes Mannen gingen jedem noch so abstrusen Hinweis nach, auch wenn manche verheißungsvolle Spur ins Leere lief oder die Kosten für eine Bergung die finanziellen Möglichkeiten der Stasi mitunter überforderten. Die Suche nach den Nazi-Schätzen war mit den Jahren zu einer Art privatem Hobby von Erich Mielke geworden, der dabei nur selten die Parteiführung in die delikaten Operationen einweihte. Einerseits aus Furcht vor einer Blamage, sollte sich die kostenintensive Suche als Flop erweisen, zum anderen, um den Erlös aus den gefundenen Kunstgegenständen im Fall des Falles so aufzuteilen, daß für die schwarzen Kassen des Mielke-Ministeriums genügend übrigblieb.

Denn waren die Schatzsucher von der Stasi einmal erfolgreich, suchte das MfS nicht etwa nach den wahren Besitzern der Gemälde, Schmuckstücke, Wertpapiere, Münzen- und Briefmarkensammlungen, um ihnen oder ihren Erben das von den Nazis geraubte Eigentum zurückzuerstatten. Man unternahm im Gegenteil alles, um aus der brutalen Raubmordpolitik des Dritten Reichs selbst noch Profit zu schlagen und die Funde auf eigene Rechnung zu versilbern: Mielkes willige Hehler ließen sich dazu mit Kriminellen ein, verbündeten sich mit SS-Leuten und windigen Geheimdienstlern, beteiligten sich am internationalen Kunstschmuggel, gründeten eigene Deckfirmen und bedienten sich der internationalen Verbindungen von Schalcks Devisenimperium Kommerzielle Koordinierung (KoKo). Auch für die eigene »Schatzkammer« fiel dabei immer einiges ab, wie die 112 Schatztruhen vom 21. Dezember 1989 belegen.

Die für die Aufklärung der DDR-Regierungs- und Vereinigungskriminalität zuständigen Ermittlungsbehörden haben die Stasi-Schatzräuber in den vergangenen zehn Jahren weitgehend in Ruhe gelassen. Mit Sicherheit hätten entsprechende Verfahren für internationales Aufsehen gesorgt und möglicherweise komplizierte Rückübertragungsansprüche nach sich gezogen. Das mag wohl der Grund dafür sein, daß bislang kein politisches Interesse an der juristischen Aufarbeitung dieser Problematik bestand.

Im vorliegenden Buch soll daher versucht werden, den organisierten Schatzraub der Stasi etwas genauer zu beleuchten und anhand markanter Fälle zu dokumentieren. Die Darstellung muß fragmentarisch bleiben, weil die überlieferten und bislang aufgefundenen Akten nur einen Bruchteil aller Vorgänge dokumentieren. Viele der Beteiligten und Zeitzeugen sind zudem abgetaucht oder zeigen sich nicht willig, über die Vergangenheit zu sprechen. Weitere Untersuchungen müssen folgen.

Geplünderte Safes,
aufgebrochene Schließfächer

Die »Aktion Licht«

Direktoren und leitende Mitarbeiter der DDR-Bank- und Sparkassenfilialen im Bezirk Magdeburg hatten für den 6. Januar 1962 eine ungewöhnliche Einladung zum Mittagessen erhalten. Im Speisesaal der Magdeburger Stasi-Bezirksverwaltung sollten sie sich an diesem Sonnabend zu einem Arbeitsessen einfinden, hieß es. Mit der Heimkehr sei gegen Abend zu rechnen.

Schon gleich nach dem Hauptgang kamen die Genossen vom MfS zur Sache. Einsatzgruppen der Bezirksverwaltung würden jetzt die Bankchefs zu ihren Filialen begleiten, um die dort befindlichen Tresore, Safes und Bankschließfächer einer Inspektion zu unterziehen, teilten sie den verdutzten Mittagsgästen mit. Die »Aktion Licht«, der erste große Raubzug der Stasi, hatte begonnen.

In allen DDR-Bezirken wurden an diesem Sonnabend Banken und Sparkassen bis in den letzten Winkel von der Stasi durchsucht. Das Bankgeheimnis hatte Minister Mielke in Abstimmung mit SED-Chef Walter Ulbricht kurzerhand außer Kraft gesetzt.

Geführt wurde die streng geheime Aktion von einem Einsatzstab der für die »Sicherung der Volkswirtschaft« zuständigen MfS-Hauptabteilung III (später HA XVIII). Leiter des Stabes waren die Offiziere Strauch und Knobloch, wie aus einer der wenigen noch vorhandenen MfS-Unterlagen zu dem Beutezug hervorgeht. Doch Strauch und Knobloch führten nur das aus, was hochrangige Strategen im Mielke-Ministerium zuvor erdacht hatten. Einer der »Licht«-Planer war Heinz Volpert, zu jener Zeit Abteilungsleiter der Hauptabteilung V/5 (zuständig für die Bekämpfung von »Terrorakten, Diversion, Attentaten, Untergrundgruppen und Agentenzentralen«) und später einer der einflußreichsten Drahtzieher im Stasi-Apparat.*

Die Stasi-Pläne sahen vor, daß man selbst bestimmte, wem welche Wertgegenstände gehören, die man aus den Banken geholt hatte. Schmuckstücke, wertvolle Sammlungen und Gemälde, die in den Kriegswirren oder vorher in den Banken deponiert und nach Kriegsende nicht abgeholt worden waren, wurden kurzerhand zu Volkseigentum erklärt und konfisziert. Daß es sich hierbei

---

* Volpert, Jahrgang 1932, war ab 1964 stellvertretender Leiter der HA XX, dem Nachfolger der HA V. Fünf Jahre später, 1969, wurde er »zur Durchführung von Sonderaufgaben« ins Büro der MfS-Leitung und 1971 ins Sekretariat des Ministers versetzt. Dort kümmerte er sich vor allem um die Devisenbeschaffung und den Häftlingsfreikauf politischer Gefangener durch die Bundesrepublik. Seit 1956 war Volpert Kontaktmann des MfS für den Ost-Berliner Rechtsanwalt Professor Wolfgang Vogel, der beim MfS unter dem Decknamen »Georg« registriert war. Zudem galt Volpert, der am 15. Februar 1986 unter ungeklärten Umständen in seiner häuslichen Sauna verstarb, als Führungsoffizier von Alexander Schalck-Golodkowski, Offizier im besonderen Einsatz (OibE) des MfS und Chef des von der Stasi kontrollierten Außenhandelsbereichs Kommerzielle Koordinierung (KoKo). Gemeinsam mit Schalck promovierte Volpert 1970 zum Dr. jur.; das Thema der Dissertation: »Zur Vermeidung ökonomischer Verluste und zur Erwirtschaftung zusätzlicher Devisen im Bereich Kommerzielle Koordinierung.«

Nach 1989 fanden sich in vielen aufgegebenen Kellergewölben von ehemaligen Bankgebäuden vor langer Zeit geöffnete und ausge räumte Tresore.

zum Teil um den Besitz geflohener und ermordeter Juden handelte, interessierte die Räuber wenig.

Auch das Eigentum sogenannter »Republikflüchtiger« wurde ohne viel Federlesen einkassiert. Zum Schluß wanderten auch noch Tausende von Dokumenten und umfangreiche Aktenbestände aus der NS-Zeit in die Depots der Stasi. »Im Rahmen der Überprüfungsmaßnahmen des MfS wurden in den Objekten nicht registrierte und zum Teil völlig unbekannte Materialien und Unterlagen aus der Zeit des Faschismus, Schmuckwaren aus Gold und Silber, Edelsteine und andere Wertgegenstände ... aufgefunden«, triumphierte die Stasi in einem als »streng geheim« eingestuften Bericht.[1]

Daß die wahren Eigentümer der aufgebrochenen Schließfächer zum Teil bekannt waren und man in einigen Fällen sogar deren aktuellen Aufenthaltsort kannte, belegen »Licht«-Berichte aus Thüringer Kreisdienststellen. So fand man in der Notenbank Jena beispielsweise Sparbücher des dortigen Studentenvereins, des Jenaer Studentenwerks und einer Vermögensverwaltungsfirma aus den dreißiger und vierziger Jahren. Obgleich einer der aktuellen, zu jener Zeit in Westdeutschland weilenden Verfügungsberechtigten namentlich bekannt war, wurden die Bücher kurzerhand beschlagnahmt. In der Kreissparkasse Saalfeld requirierte man den Inhalt eines Blockschließfaches, das einem nun in Westdeutschland lebenden Mann gehörte. Zur Beute der Stasi-Räuber gehörten in diesem Fall zwei goldene Uhren, kostbarer Silberschmuck, eine alte Plattenkamera und sogar ein Testament.

Widerstand gegen den Raubzug gab es an mehreren Stellen. In der Notenbank-Filiale von Meerane »bereiteten verantwortliche Mitarbeiter ... erhebliche Pro-

bleme«, beklagte sich der Stasi-Einsatzleiter. So habe
der Hauptkassierer versucht, die Überprüfung des Tre-
sors zu verhindern, indem er sich weigerte, die Alarm-
anlage dafür auszuschalten. Auseinandersetzungen
mußten auch mit dem Filialleiter und dem Parteisekretär geführt werden, »da auch sie der Meinung waren, daß Mitarbeiter des MfS Tresorräume nicht zu be-
treten haben«. Dem Argument, die Aktion erfolge im
Auftrag von Partei und Ministerrat, begegneten die beiden mit der Bemerkung, »daß auch führende Mitarbeiter der Regierung bereits Fehler gemacht hätten (unter
Hinweis auf Wollweber und Schirdewan)«, notierte der
Einsatzleiter empört.[2] Auch in der Dresdener Bezirks-
direktion der Notenbank gab es Proteste. Dort waren
in einem Tresorraum größere Mengen an Schmuckwaren und anderen Wertgegenständen sowie 14 Akten-
schränke voller Bankunterlagen aus der NS-Zeit,
insbesondere der Deutschen Bank, eingelagert. Bezirks-
direktor Serick weigerte sich zunächst, die Gegenstände
herauszugeben und vertrat die Meinung, »daß sie bis
zur Wiedervereinigung Deutschlands aufgehoben werden müssen, um sie den rechtmäßigen Eigentümern
zurückgeben zu können«.[3]

Weitaus größere Probleme als die vereinzelte Gegen-
wehr bereitete den Räubern allerdings die große Un-
ordnung, die zum Teil in den Schließfach- und Tresorräumen der Banken und Sparkassen herrschte. Eine
Übersicht der vorhandenen Fächer gab es häufig nicht,
eine Nachweisführung über Inhalt und Besitzer fehlte
ebenso. Auch Schlüssel suchte man mitunter vergeblich,
so daß die Stasi-Einsatzgruppen in einigen Fällen un-
verrichteterdinge abziehen mußten.

Dennoch war der Wochenendeinsatz vom 6. Januar

1962 ein voller Erfolg, über den Minister Mielke drei Tage später ins Schwärmen geriet: »Die bisher durchgeführten Maßnahmen brachten den erwarteten Erfolg. (Es) konnten sowohl politisch-operativ auswertbare Dokumente als auch eine Vielzahl von Wertgegenständen sichergestellt werden.« Er wies an, die gefundenen Unterlagen »nach operativ auswertbaren Materialien« zu durchsuchen und die entsprechenden Dokumente im Zentralarchiv der Stasi abzulegen. Für die geraubten Wertgegenstände ordnete der Minister »die Schätzung und Nutzbarmachung ... in Abstimmung mit dem Minister der Finanzen« an.[4]

Beflügelt von diesem Erfolg, befahl Mielke die umgehende Fortführung der »Aktion Licht«. Tresore, Safes, Panzerschränke und ähnliche Anlagen, die bislang nicht geöffnet werden konnten, sollten von den Einsatzgruppen nun mit Spezialwerkzeugen aufgebrochen und ausgeräumt werden. Auch ehemalige Bankgebäude, die jetzt anderweitig genutzt wurden oder seit dem Krieg nur als Ruinen erhalten waren, müßten auf Geheimanlagen untersucht werden.

Ausdrücklich einbezogen in die Suche wurden zudem »solche Anlagen, bei denen noch keine Klarheit über die Eigentumsverhältnisse besteht. Als solche Objekte kommen z.B. in Frage: Deutsche Post, Deutsche Reichsbahn, Warenhäuser (insbesondere auch ehemalige kapitalistische Warenhäuser), ehemalige kapitalistische Konzern- und Großbetriebe, ehemalige Gutshöfe, alte Schlösser, Burgen, Museen, Wohnsitze ehemaliger Konzernherren, Gutsbesitzer, Faschisten und Kriegsverbrecher«. Einbezogen werden sollten darüber hinaus »verschüttete Stollen ehemaliger Bergwerke und andere unterirdische Einrichtungen (ehemalige faschistische Wehrmacht), von

Wo sich keine Schlüssel mehr fanden, ließ die Staatssicherheit 1962 Tresore und »nachrichtenlose« Schließfächer gewaltsam aufbrechen, um den Inhalt gegen Devisen illegal zu veräußern.

denen es Hinweise gibt, daß dort Wertgegenstände aufbewahrt wurden«.[5]

Selbst vor Kirchen und religiösen Stätten machte Mielkes Raubzug nicht Halt. Zwar ließ der Stasi-Minister in seinem offiziellen Rundschreiben an die Chefs der Bezirksverwaltungen vom 10. Januar 1962 noch »Kirchen, Klöster und ähnliche Kultstätten« von einer Durchsuchung im Rahmen der »Aktion Licht« ausdrücklich ausnehmen. In einem geheimen Zusatzprotokoll zu diesem Rundschreiben an Oberst Fritz Schröder, damals Chef der Hauptabteilung V – zuständig für Staatsapparat, Kirchen und politischen Untergrund – , redete Mielke aber Klartext: »In der 2. Etappe der Aktion ›Licht‹ ist es notwendig, in die Überprüfung auch alle Kirchen, Klöster und ähnliche Kultstätten einzubeziehen.« Sofort sei daher eine Übersicht der in Frage kommenden Objekte zu erarbeiten, »um eine konspirative Durchführung der Aufgaben auf diesem speziellen Gebiet zu gewährleisten«. Eine Durchsuchung einzelner Objekte müsse aber in jedem Fall vorher mit ihm abgestimmt werden, warnte Mielke Oberst Schröder.

Die Schreiben Mielkes zur Aktion »Licht« verdeutlichen die persönliche Verantwortung des Ministers für den organisierten Raubzug der Stasi durch Banken, Archive und Museumsdepots, der an jenem Januarwochenende 1962 seinen Anfang nahm und bis zum Untergang des MfS fortgesetzt wurde.

Bei allen materiellen Ergebnissen verfolgte Mielke damals aber auch bestimmte strategische Ziele. Mit der perfekt von seinem Ministerium durchorganisierten Operation wollte er SED-Chef Ulbricht davon überzeugen, die Ermittlungstätigkeit zu Personen und Vorgängen aus der NS-Zeit endgültig und ausschließlich in die Zuständigkeit der Stasi zu übergeben. Der Minister wollte die totale Kontrolle über diesen Bereich, um außerhalb wie innerhalb der DDR operative Absichten der Stasi und eigene Machtinteressen schlagkräftig verbinden zu können.

Schon 1947 hatte Mielke erfahren, welche Macht sich mit dem Herrschaftswissen über die NS-Zeit auf andere Menschen ausüben ließ. Zu jener Zeit war er stellvertretender Chef der Deutschen Verwaltung des Innern (DVdI), dem Vorläufer des kurz nach der DDR-Gründung am 7. Oktober 1949 gebildeten Innenministeriums. Am 16. August 1947 übertrug die Sowjetische Militäradministration mit dem Befehl Nr. 201 die Entnazifizierung in Ostdeutschland den einheimischen Behörden. Im »Kommissariat 5« (K5), also der Mielke unterstellten politischen Polizei, wurden daraufhin sogenannte »Untersuchungsorgane 201« gebildet, die zusammen mit den staatlichen »Entnazifizierungskommissionen« Personen auf ihre Verwicklung in den NS-Machtapparat zu überprüfen hatten.

Mielke erledigte die Aufgabe mit beeindruckender Gründlichkeit. In nur sieben Monaten, bis Anfang März 1948, hatten die »Untersuchungsorgane 201« insgesamt »520 730 Personen wegen ihrer nachgewiesenen faschistischen Vergangenheit aus den verschiedensten Dienststellen und Einrichtungen entfernt«.[6] Gegen 40 350 »aktive Nazis und Militaristen« wurden Untersuchungsverfahren eingeleitet.[7] Aus Volksbildung, Justiz und Polizei seien Faschisten entfernt und durch »fortschrittsdemokratische Kräfte« ersetzt worden, meldete das SED-Zentralorgan »Neues Deutschland« am 21. April 1948. Und DDR-Generalstaatsanwalt

Josef Streit versicherte 1965 öffentlich, es gebe »im Bereich der Justiz, der Armee, der Volksbildung oder sonst einem Zweig des Staatsapparates der DDR keinen einzigen Mitarbeiter, der belastet ist«.

Doch die Wahrheit sah, wie so häufig, anders aus. Denn so recht verzichten konnten und wollten Ulbrichts Leute beim Aufbau der neuen Zeit auch nicht auf die gelernten (und damit erpreßbaren) Nazis. So ist einer von der SPD 1946 zusammengestellten Liste zu entnehmen, daß in die SED gewechselte ehemalige NSDAP-Mitglieder in der sächsischen Landesregierung zwei Präsidialdirektoren, einen Ministerialdirektor, zwei Präsidialräte, drei Oberregierungsräte, einen Oberlandwirtschaftsrat und drei Landwirtschaftsräte stellten. Die NSDAP-Gruppe im SED-Zentralkomitee brachte es über die Jahre hindurch immerhin auf eine Stärke von 27 Männern und einer Frau – darunter Hitlerjugendführer, SS-Angehörige, Gestapo-Mitarbeiter und sogar KZ-Aufseher. Ulbrichts persönlicher Referent Heinz Eichler war ebenso NSDAP-Mitglied wie Schalcks Schwiegervater Kurt Blecha, Leiter des DDR-Presseamtes, und acht DDR-Minister, berichtete die Zeitung *Die Woche* 1996 unter Berufung auf Personalakten aus dem SED-Zentralkomitee. Zu ihnen gehörte der spätere Außenwirtschaftsminister Gerhard Beil (NSDAP-Mitgliedsnummer: 10004595)[8], dessen aufs eigene Fortkommen gerichtete Geschmeidigkeit im Umgang mit den Mächtigen – Beils Spitzname war »Die Katze« – sich die HV A schon von den fünfziger Jahren an zunutze machte.[9]

Auch die Stasi mochte auf den reichhaltigen Erfahrungsschatz der alten Überwachungsexperten aus dem Dritten Reich nicht verzichten. Unter Berufung auf Unterlagen aus dem Berlin Document Center schrieb der westdeutsche Geheimdienstexperte Heinz Höhne im Jahre 1985, daß Rudolf Bamler, ehemaliger Abteilungsleiter aus der Canaris-Abwehr und Intimus von SA-Chef Reinhard Heydrich, das MfS beim Aufbau eines schlagkräftigen Zersetzungsapparates beriet. Gar zu Stasi-Offiziersrängen brachten es laut Höhne stramme SS-Leute: SS-Hauptsturmführer Louis Hagemeister leitete die Vernehmungsabteilung in der Schweriner Bezirksverwaltung; SS-Untersturmführer Johann Sanitzer, früher Referatsleiter in der Gestapoleitstelle Wien, diente als Major in der Stasi-Bezirksverwaltung Erfurt; SS-Scharführer Reinhold Tappert, einst Sachbearbeiter im Reichssicherheitshauptamt, war Offizier der Bezirksverwaltung Berlin.[10]

Auch wenn die Entnazifizierung 1948 offiziell abgeschlossen war, wurden die »Untersuchungsorgane 201« nicht aufgelöst. Sie sollten weiterhin die Ermittlungen gegen Nazis und Kriegsverbrecher betreiben. Erst nach der Gründung des Staatssicherheits-Ministeriums am 8. Februar 1950, das dann den »K5«-Bereich übernahm, beschloß das DDR-Innenministerium die Auflösung der »201-Organe«. Die Ermittlungstätigkeit gegen NS-Täter sollte nach dem Willen des Innenministeriums jedoch nicht der Stasi übergeben werden, denn damit waren die eigenen Abteilungen C der Kriminalpolizei beauftragt.

Doch Mielke, anfangs stellvertretender Stasi-Minister im Range eines Staatssekretärs, nahm diese Entscheidung nicht hin. Wütenden Protesten aus dem Innenministerium zum Trotze ließ er seine Leute zunächst in Einzelfällen weiter ermitteln, später wurden auf seine Weisung hin immer mehr solcher Vorgänge durch das MfS bearbeitet. So wuchs der Anteil der von der Stasi bearbeiteten Ermittlungsvorgänge gegen Nazi- und Kriegsverbrecher in der DDR von 0,3 Prozent 1951 auf knapp 70 Prozent 1955.[11]

Parallel dazu wurden ab 1954 in der Stasi alle Erkenntnisse zu Personen aus der NS-Zeit und vorliegende Originaldokumente systematisch archiviert. »Dieser dadurch erschlossene Archivfundus (...) bildete in den folgenden Jahren eine wesentliche Informationsquelle für die gesamte politisch-operative Aufklärungs- und Abwehrarbeit des MfS, insbesondere für Beweisführungsmaßnahmen in Operativ- und Untersuchungsvorgängen und für die Öffentlichkeitsarbeit.«[12]

Mit dieser akribischen Arbeit erzielte Mielke bei den Genossen der SED-Führung Eindruck. So enttarnte sein Apparat in der DDR untergetauchte Kriegsverbrecher, machte die Nazi-Vergangenheit westdeutscher Politiker wie Globke und Oberländer öffentlich und prangerte die Beschäftigung von NS-Juristen (»Blutrichter«) sowie früheren SS- und Gestapoangehörigen im öffentlichen Dienst der Bundesrepublik an.

Die erfolgreiche »Aktion Licht« von 1962 war das i-Tüpfelchen, das Ulbricht schließlich davon überzeugte, seinem treuen Kampfgefährten Mielke die alleinige Zuständigkeit für die »operative Aufarbeitung« der NS-Vergangenheit zu übertragen. Spätestens ab Mitte der sechziger Jahre durfte nur noch die Stasi entsprechende Ermittlungen durchführen.

Hiermit befaßt waren vor allem die Hauptabteilungen IX und XX, die Hauptverwaltung A und eine aus mehreren Diensteinheiten gebildete »Arbeitsgruppe Agitation«, die die Ergebnisse der Ermittlungen bei Bedarf an die westlichen Medien spielen sollte. In den siebziger und achtziger Jahren kamen in Einzelfällen noch die

Mielkes Stellvertreter Neiber zugeordneten Hauptabteilungen II (Spionageabwehr) und VII (unter anderem zuständig für Bekämpfung von Schmuggel und Spekulation) hinzu.

Am 2. März 1965 wies Mielke die Aktion »Konzentration« an, mit der eine Erpressungskartei sondergleichen entstand. Sämtliche in den MfS-Bezirksverwaltungen und Stasi-Hauptabteilungen vorhandenen »politisch-operativen Hinweise und operativen Materialien über Nazi- und Kriegsverbrecher« sollten unter dem Codewort »Konzentration« an die Berliner Zentrale übergeben und dort in einer Abteilung zusammengeführt werden. Besonderen Wert legte Mielke auf »BRD-Bürger, ... die im öffentlichen Leben des Bonner Staates eine exponierte Stellung einnahmen«.[13] Parallel dazu forderte der Minister bei allen Abteilungen Sachstandsberichte und Maßnahmepläne zu west- und ostdeutschen Bürgern an, die im Verdacht der Beteiligung an Nazi- und Kriegsverbrechen standen.

Mit dem Befehl 39/67 schuf Mielke zum 1. Februar 1968 die Abteilung IX/11, die das in der Aktion »Konzentration« zusammengeführte Material künftig auswerten und verwalten sollte. Ziel war es, mit Hilfe dieser Dokumente prominente Westdeutsche als ehemalige Nazis zu entlarven, andere MfS-Abteilungen bei deren Geheimdienstoperationen mit Belastungsmaterial zu unterstützen, geheime Ermittlungsakten gegen Kriegsverbrecher anzulegen sowie »spezielle Forschungsaufträge zu erfüllen«.[14]

Mit dem Beginn der Entspannungspolitik Anfang der siebziger Jahre veränderte sich auch der Charakter der Systemauseinandersetzung. Die Zeiten der großen Propaganda-Schlachten gingen zu Ende. Moderatere Töne waren gefragt. Die Abteilung Agitation verlor ihre Daseinsberechtigung und wurde aufgelöst. Das »Spiel« mit wahren und falschen Informationen für die Westmedien übernahm nun die Abteilung X der Hauptverwaltung Aufklärung in alleiniger Verantwortung.

Für die Zentrale des Staatssicherheitsministeriums rückte ein anderer Aufgabenbereich ins Zentrum des Interesses: die Devisenbeschaffung. Hierzu gehörte alsbald der Handel mit NS-Devotionalien, Wertpapieren, Schmuckstücken und anderen Wertgegenständen, die von den Nazis geraubt worden waren und sich noch in Verstecken oder Depots auf dem Gebiet der DDR befanden.

Auf den Geschmack war Mielke bereits bei der »Aktion Licht« gekommen. Dabei stellte sich heraus, daß die aufgefundenen Dokumente und Materialien nur in begrenztem Umfang für die wissenschaftliche oder publizistische Aufarbeitung der NS-Vergangenheit genutzt werden konnten. Dagegen ließen sich die kostbaren Kunst- und Wertgegenstände auf dem westlichen Markt schnell gewinnträchtig verhökern.

Einen Beleg für die Gewichtung der Aktion bietet bereits der vorläufige Abschlußbericht Mielkes vom 11. Juli 1962. Gleich als erstes listete der Stasi-Minister die »umfangreichen Mengen nicht erfaßter Wertgegenstände (auf), deren Gesamtwert nach vorläufigen Schätzungen auf 4,1 Millionen DM beziffert wird«.[15] In dem sechsseitigen Bericht, der laut Verteilerliste unter anderem an SED-Chef Ulbricht, den stellvertretenden Ministerpräsidenten Willi Stoph und DDR-Finanzminister Willi Rumpf ging, werden dagegen die Funde von historisch wichtigen oder operativ auswertbaren Dokumenten mit keinem Wort erwähnt. Sie waren offensichtlich bloß Nebeneffekt einer von Anfang an auf Raub und Bereicherung ausgerichteten Aktion.

Allein vom Verkauf einer ersten Teilmenge der geraubten Kunstwerke, Schmuckstücke und Porzellansammlungen, die im Herbst 1962 an die Tresorverwaltung des DDR-Finanzministeriums übergeben wurde, versprachen sich Stasi und SED einen Erlös von mindestens zweieinhalb Millionen DM. Das geht aus Einschätzungen von MfS-Experten hervor, die der für Devisen zuständigen ZK-Abteilung Verkehr zugestellt wurden. Der tatsächliche Gewinn dürfte jedoch weit über dieser Prognose gelegen haben, denn wegen der Kürze der Zeit konnte das MfS den Wert diverser Originalhandschriften, historischer Dokumente, Gemälde und anderer Kunstgegenstände nicht mehr von Fachleuten schätzen lassen.

Das am 13. Oktober 1962 gefertigte, mehr als 100 Seiten lange Übergabeprotokoll dokumentiert auf beispiellose Weise die Dimension des »Licht«-Raubzuges. So wurden von den in Tresoren und Bankschließfächern gefundenen und häufig aus jüdischem Besitz stammenden Kostbarkeiten zum Verkauf freigegeben:

– mit Brillanten besetzte Diademe, Colliers, Ohrringe und Kronen, Gold-Armbänder mit Edelsteinen, ein mit Diamanten verzierter Hausorden von Katharina II.;
– mehr als 250 Gemälde, Kupferstiche und Radierungen, darunter mehrere Werke von Lucas Cranach, Canaletto, Albrecht Dürer und Rembrandt;
– weit über 100 Handschriften und Briefe, unter anderem von Busch, Fallersleben, Fontane, Goethe, Hauptmann, Heine, Schiller, Zola, Herder, Chodowiecki, Arndt, Dvorak, Mendelssohn-Bartholdy, Paganini,

Reger, Saint-Saens, Strauss, Schumann, Wagner, Corinth, Menzel, Darwin, Humboldt, Haeckel, Maria Theresia, August der Starke, Friedrich II., Napoleon, Bismarck und Louis XIV.;

– mehrere Münz- und Briefmarkensammlungen, deren Wert allein auf knapp 700 000 DM taxiert wurde;

– komplette Speiseservices aus Meißner Porzellan, Besteckwaren aus Silber, künstlerische Skulpturen, Kalender aus dem 18. Jahrhundert, wertvolle Tischuhren, mehrere historische Fotoapparate und Filmkameras, Persianerfelle und diverse weitere kostbare Einzelstücke;

– 1 006 Sparbücher aus der NS-Zeit sowie 14 Kontenblätter mit »Uraltguthaben«.

Noch vor der Übergabe des Raubgutes durch die Stasi im Herbst 1962 hatte der damalige DDR-Finanzminister Willi Rumpf den Leiter der Tresorverwaltung, Habakuk, angewiesen, bis Ende Oktober 1962 einen Bericht »über den wertmäßigen Umfang der übergebenen Wertgegenstände« und den »Zeitraum zu (ihrer) schnellen Verwertung« zu erstellen. Habakuk sollte in dem Bericht genau aufschlüsseln, welche Gegenstände für den Export ausgewählt und welche dem Binnenhandel und dem Edelmetallfonds der DDR zugeführt werden konnten.[16]

Am 23. Oktober 1962 legte Habakuk seinen Bericht vor. Zwar sei der Wert der Porzellane, Gemälde und Handschriften sowie weiterer Kunstgegenstände noch nicht geschätzt worden. Allein mit den Schmuckwaren, Münzen und Briefmarken sei aber im Export ein Erlös von knapp zwei Millionen Mark zu erzielen, schreibt der Leiter der Tresorverwaltung. Im Binnenhandel könne man mit weniger wertvollen Schmuckstücken und Glas-

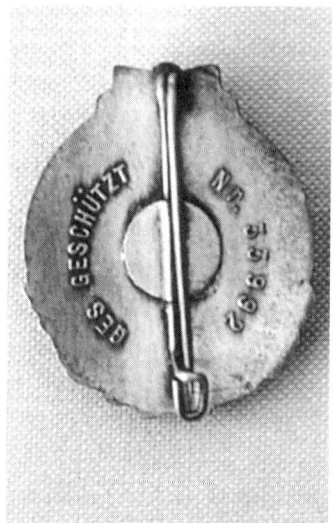

Zu den »Fundstücken« in den gewaltsam geöffneten Bankschließfächern gehörten neben Briefmarken und Münzen auch Orden
und Ehrennadeln, so dieses versilberte Kolonialabzeichen aus dem
Jahre 1921.

waren immerhin noch knapp 350 000 Mark verdienen. Dem Edelmetallfonds werden zudem zwei Kilogramm Feingold, 300 Kilogramm Silber und zehn Gramm Platin zugeführt. Abschließend schreibt Habakuk, die für den Export vorgesehenen Gegenstände könnten »sofort verwertet werden, sobald das Ministerium für Außenhandel und Innerdeutschen Handel die in der Unterredung beim Minister übernommene Verpflichtung zur Herbeischaffung der interessierten Käufer erfüllt hat«.[17]

Alexander Schalck-Golodkowski – seit der Gründung im Jahre 1966 Chef des von der Stasi kontrollierten Außenhandelsbereichs Kommerzielle Koordinierung (KoKo) – hat stets bestritten, in die vor der KoKo-Gründung liegende »Aktion Licht« einbezogen gewesen zu sein. Zeitzeugen behaupten jedoch das Gegenteil. Demnach soll Schalck an der Verwertung der »Licht«-Beute im Westen durchaus beteiligt gewesen sein.

Schalck war zu jener Zeit Sekretär der SED-Kreisleitung Außenhandel. Doch der gewiefte Außenhändler beschränkte sich nicht nur auf die propagandistische Anleitung seiner Genossen und das Aufspüren parteifeindlichen Verhaltens. Mit tatkräftiger Unterstützung der ZK-Abteilung Verkehr und des Ministeriums für Staatssicherheit war Schalck in Spekulationsgeschäfte und verdeckte Transaktionen von DDR-Außenhandelsfirmen eingebunden. Daneben studierte der lernbegierige Devisenjäger »am lebenden Objekt« in den HVA-Vertrauensfirmen F. C. Gerlach und Simon Industrievertretungen, wie unter anderem mit Schmuggel und Versicherungsbetrügereien dem Klassenfeind ein Schnippchen geschlagen werden konnte.[18]

Für Heinz Volpert, einem der Strategen der »Aktion Licht«, dürfte Schalck erste Wahl gewesen sein, als es um die Frage ging, wer den Verkauf der »Licht«-Beute im Westen übernehmen könnte. Er unterhielt zu Schalck schon seit 1960 engen Kontakt. Ob Stasi und SED den späteren KoKo-Chef dann aber tatsächlich in die »Aktion Licht« eingebunden haben, ist mit den bislang aufgefundenen Unterlagen nicht endgültig zu klären.

Mehrere Anhaltspunkte sprechen jedoch dafür. So erwähnt Schalck in einem handschriftlichen Lebenslauf vom 12. Juni 1966, er habe »in den letzten zwei Jahren ... im Auftrag des Genossen Matern eine Reihe Operationen zur außerplanmäßigen Beschaffung von Kapital-Valuten für das Zentralkomitee durchgeführt. In dieser Tätigkeit hatte ich einen engen Kontakt mit der Abt(eilung) Verkehr des ZK.«[19]

In einem Brief vom 29. Dezember 1965 an Hermann Matern, damals Chef der Zentralen Parteikontrollkommission und zuständig für die ZK-Abteilung Verkehr, rechnet Schalck zudem eine Summe von 1 239 500 DM ab, die er in diesem Kalenderjahr »an das Zentralkomitee in bar« abgeführt habe. »Mit Stand vom 28. Dezember 1965 befinden sich noch Barmittel im Werte von 262 170,15 DM-West in meinen Händen, die ich Dir unmittelbar am Jahresbeginn übergeben werde«, schreibt Schalck weiter.[20] Das Bargeld für die SED dürfte kaum aus Transaktionen von DDR-Außenhandelsfirmen stammen, in die Schalck eingebunden war. Denn in einem solchen Fall wären die Erlöse wohl kaum durch seine Hände an die Partei gegangen, sondern von den Firmen direkt an den Staatshaushalt abgerechnet worden. Es spricht also vieles dafür, daß Schalck 1964 bis 1966 besonders vertrauliche Geschäfte im Auftrag der ZK-Abteilung Verkehr abgewickelt hat. Um was für Geschäfte es sich dabei im einzelnen handelte, ist aber auch noch 35 Jahre später »streng geheim«.

Der gigantische Stasi-Raubzug blieb nicht folgenlos. Mitte der 60er Jahre drohte der DDR wegen der »Aktion Licht« eine ernsthafte diplomatische Krise. Die polnische Botschaft hatte sich 1965 an die Notenbankfiliale in Schwerin gewandt und bat im Namen der Erben um die Herausgabe eines »Verwahrstückes«, das dem ehemaligen Danziger Oberpostdirektor Globert gehöre. Globert hatte während des Krieges ein in Packpapier verschnürtes und mit drei Siegeln versehenes Paket in ein Schließfach der »Bank der Danzig-Westpreußischen Landschaft« gegeben. Inhalt des Pakets seien zwei Briefmarkenalben und mehrere Schriftstücke, informierte die polnische Gesandschaft.

Die sofort eingeleiteten Stasi-Ermittlungen zu diesem Vorgang ergaben folgendes: Wegen der heranrückenden Front hatte die Danziger Bank 1944 ihre Depositen in eine Ausweichstelle in Schwerin überführt. Dort wurden sie im April 1946 von der Landeskreditbank Mecklenburg übernommen, die später in der DDR-Notenbank aufging. Ein »Einlieferungsschein über ein Verwahrstück« mit der Nummer 266, datiert vom 14. April 1956, belegt die Übernahme von Globerts versiegeltem Paket durch die Notenbank. Auf der Rückseite des Scheins wurde sechs Jahre später vermerkt, daß das Verwahrstück »am 6.1.1962 lt. bes. Protokoll an das Ministerium für Staatssicherheit nach Berlin abgeliefert« wurde.

Auf Weisung des DDR-Finanzministeriums versuchte die Schweriner Notenbankfiliale zunächst, das Ansinnen der polnischen Botschaft mit dem Hinweis, es handele sich um den Nachlaß einer geschlossenen Bank, abzuweisen. Daraufhin wandten sich die Polen an die Zentrale der Notenbank in Berlin, erhielten dort aber ebenfalls eine abschlägige Antwort.

Die Affäre zog Kreise, weil sich nun auch die in der Bundesrepublik lebenden Erben Globerts einschalteten und damit drohten, die Herausgabe der Briefmarkenalben nötigenfalls vor Gericht durchzusetzen. 1970 schaltete sich schließlich das dem Ministerrat angegliederte »Amt für Rechtsschutz des Vermögens der DDR« ein. Die Aufgabe dieser eng mit der Stasi verbundenen Rechtsbehörde bestand unter anderem darin, den »Eigentumswechsel« von Kunst- und Wertgegenständen, die das MfS in Banktresoren und verborgenen Nazidepots aufspürte, durch juristische Kniffe zu legalisieren.[21]

In der Angelegenheit Globert gelang dies auf eine Art und Weise, die beispielhaft ist für den zynischen Umgang der DDR-Behörden mit Opfern ihrer Unrechtspolitik. Die Stasi-Juristen, die dem Rechtsschutz-Amt zuarbeiteten, begründeten die Ablehnung des Erbenantrags damit, daß keine gesetzliche Vorschrift existiere, mit der sich ein Anspruch auf das versiegelte Paket des verstorbenen Oberpostdirektors durchsetzen ließe. Damit entfalle auch die Zahlung einer Entschädigung. Ein Vermögensausgleich für derartige Dinge müsse einer vertraglichen Regelung der DDR mit der Volksrepublik Polen vorbehalten bleiben, argumentierten sie zudem. Sollte eine solche vertragliche Regelung zustande kommen, bestünde zwar ein Anspruch auf Herausgabe; in diesem Fall aber wären »Erbschaftssteuer sowie Verwaltungsgebühren an unseren Staat zu zahlen (...), die praktisch heute nach 25 Jahren den Wert des Depot-Stückes ergeben bzw. übersteigen«.[22]

Ein Nachspiel ganz anderer Art hatte die »Angelegenheit Globert« innerhalb des MfS. Aufgeschreckt durch den Anspruch der Erben und den verräterischen Vermerk auf dem Einlieferungsschein der Schweriner Bank ließ Stasi-Minister Mielke Anfang 1971 Hauptmann Detlef Wilberg aus der Hauptabteilung XVIII/4/2 feststellen, ob sich noch anderswo Spuren fänden, die Rückschlüsse auf die Rolle seines Ministeriums in der »Aktion Licht« zuließen.

Hauptmann Wilberg konnte seinen Minister beruhigen: Bislang gebe es keine Hinweise darauf, daß auch in anderen Bankfilialen als der Schweriner »derartige Dokumente oder Quittungen vorliegen, die das MfS in irgendeiner Form belasten«. Bis Jahresende würden außerdem »zuverlässige Kräfte« in den rund 4 000 Finanzinstitutionen der DDR überprüfen, ob sich dort noch Unterlagen über die »Aktion Licht« befänden.[23]

Schon jetzt lasse sich aber sagen, daß sämtliche offiziell gefertigten Dokumente zur »Aktion Licht« sicher verwahrt in Safes der Tresorverwaltung des DDR-Finanzministeriums liegen, erläuterte Wilberg.* Wobei diese Unterlagen »nur eine globale Übersicht über die entsprechenden Gegenstände und ihren geschätzten Wert (geben). Der Ursprung der einzelnen im Rahmen der Aktion eingelieferten Gegenstände ist nicht mehr nachweisbar und bekannt.« Selbst in den Fällen, wo frühere Eigentümer benannt waren, »ist durch Zusammenfassung der einzelnen Gegenstände nach Verwen-

---

* Wilberg wurde Jahre später von der Stasi als OibE in den Posten des Inspektionsleiters im DDR-Finanzministerium geschleust. Kein Zufall wohl, daß ausgerechnet er im Januar 1990 für die Sichtung und Verwertung des »Stasi-Schatzes« zuständig war, den die Finanzabteilung des »Amtes für Nationale Sicherheit« kurz vor Weihnachten 1989 der DDR-Staatsbank übergeben hatte.

dungszweck und Verwertungsmöglichkeit (z.B. wurden Briefmarken neu geordnet und zu kompletten Sammlungen zusammengefaßt) dieser Nachweis nicht mehr zu führen«.[24]

Wie sehr sogar innerhalb der Stasi bis weit in die achtziger Jahre hinein darauf geachtet wurde, daß bis auf die wenigen Eingeweihten niemand die tatsächlichen Dimensionen der »Aktion Licht« erfahren sollte, mußte auch Hans Seufert erfahren. Der Oberstleutnant, der auf Weisung Mielkes ab 1980 mit einer kleinen Gruppe von Spezialisten die Suche nach dem Bernsteinzimmer übernommen hatte, scheiterte mehrfach mit dem Versuch, Einblick in die Unterlagen der Aktion zu erhalten. »Das Bernsteinzimmer war für Mielke von so großer Bedeutung, daß wir praktisch ungehinderten Zugang zu allen uns interessierenden Archiven erhielten«, erinnert sich Seufert. »Eines Tages beantragte ich auch, mir einmal die Listen der ›Aktion Licht‹ anzuschauen. Vielleicht gab es ja unter den damals beschlagnahmten Gegenständen solche, aus denen wir Rückschlüsse für unsere Suche ziehen konnten. Aber da führte kein Weg rein, auch später nicht. Die ›Aktion Licht‹ war ein absolutes Tabu.«[25]

Die wenigen heute noch vorhandenen Unterlagen zu jener Aktion dokumentieren das koordinierte Vorgehen von SED, Staatssicherheit und mehreren DDR-Ministerien. Aus ihnen geht ebenfalls hervor, daß die DDR-Verantwortlichen bewußt in Kauf nahmen, sich auch an rechtmäßig erworbenem Besitz und dem Eigentum von Opfern des Nationalsozialismus zu bereichern. So heißt es in einem MfS-Vermerk vom 23. Februar 1971: »Bei den eingezogenen Gegenständen handelte es sich sowohl um Privatbesitz als auch um Vermögenswerte des faschistischen Staates. Hierbei ist die Möglichkeit nicht ausgeschlossen, daß ausländisches Eigentum, geraubt durch faschistische Institutionen, in die eingezogene Masse gelangt ist.«[26]

Nicht zuletzt beweisen die noch existierenden Akten auch den eindeutigen Rechtsbruch der DDR-Verantwortlichen: Nicht nur, daß überhaupt keine Anstrengungen unternommen wurden, die rechtmäßigen Besitzer der Kostbarkeiten zu ermitteln. Bedenkenlos sind auch kulturhistorisch wertvolle Güter verscherbelt worden, obwohl die »Verordnung zum Schutze des deutschen Kunstbesitzes« – am 2. April 1953 von der DDR-Regierung beschlossen – die Ausfuhr von Kunstwerken und Gegenständen von besonderem historischen Wert untersagte, wenn dies »die Gefahr eines Verlustes für den nationalen deutschen Kunstbesitz oder die deutsche Wissenschaft mit sich bringen würde«.

Ein eindeutiger Fall von DDR-Regierungskriminalität also, der von den deutschen Ermittlungsbehörden nach der Vereinigung jedoch »übersehen« wurde. Aus Unkenntnis? Mit Absicht? Ohne Zweifel zieht die »Aktion Licht« auch für die Bundesrepublik Entschädigungsansprüche von NS-Opfern, deren Erben und jüdischer Organisationen nach sich. Zudem müssen sich nun auch die großen deutschen Banken der Frage stellen, was mit dem Inhalt der Tresore und Schließfächer ihrer Filialen in den Westzonen nach Kriegsende geschehen ist.

Am 30. Dezember 1999 hat das Berliner Bundesamt zur Regelung offener Vermögensfragen (BaRoV) eine umfangreiche Liste mit Grundstücken, alten Kontoguthaben und weiteren nicht enteigneten Vermögenswerten veröffentlicht, die von der DDR staatlich verwaltet wurden und deren Eigentümer bislang nicht ermittelt werden konnten. Im Anhang zu dieser Liste befinden sich 57 Positionen, darunter Schmucksammlungen, wertvolle alte Urkunden und Handschriften, Münzen, Bücher, Gemälde und Sparbücher – alles Vermögenswerte, die nach der deutschen Vereinigung in der DDR-Tresorverwaltung in Berlin aufgefunden wurden und keinem Eigentümer zugeordnet werden konnten. Im BaRoV schließt man nicht aus, daß Teile davon aus der Beute der »Aktion Licht« stammen. Ebensowenig läßt sich klären, ob die 57 Positionen möglicherweise aus den 112 Behältnissen stammen, die das Amt für Nationale Sicherheit im Dezember 1989 dem DDR-Finanzministerium übergeben hat. Wie es scheint, haben sich Bundesfinanzministerium und die Treuhandnachfolgebehörde BvS, die bis zur Übergabe an das BaRoV die Vermögenswerte verwalteten, in den zurückliegenden neun Jahren auch nicht allzu intensiv auf Spurensuche begeben.

Das wird aber möglicherweise nachgeholt werden müssen. Der in London ansässige Holocaust Educational Trust läßt derzeit in der Berliner Gauck-Behörde von einer Historikerin prüfen, ob die im Rahmen der »Aktion Licht« von der Stasi aus alten Bankschließfächern zusammengerafften Wertgegenstände aus jüdischem Besitz stammen, der von den Nazis beschlagnahmt wurde. Läßt sich dieser Nachweis führen, könnten auf die Bundesrepublik neue Entschädigungsforderungen zukommen.

Aktien gegen Dollar

Das Geschäft mit alten Wertpapieren

Genossin Gellert, die Sekretärin in der Ost-Berliner Handelsbank, hatte Verdacht geschöpft: Ihr Chef, Feodor Ziesche, wickele geheimnisvolle Finanztransaktionen mit einem Schweizer Bürger ab, vertraute sie ihrem Kaderleiter im Februar 1959 an. Von diesen Geschäften dürfe niemand etwas erfahren, habe ihr Ziesche eingeschärft. Der Kaderchef gab die Information an die Parteileitung der Bank weiter, worauf die aufmerksame Genossin zum Gespräch ins Gebäude des Zentralkomitees geladen wurde. Dort erklärte ihr Heinz Wildenhain von der SED-Finanzabteilung, daß alles seine Ordnung habe und Feodor Ziesche im Auftrag des ZK tätig sei.

Ziesches Geheimniskrämerei hatte einen Grund: Der Vorstandssekretär der Handelsbank sollte im Parteiauftrag ein überaus delikates Geschäft abwickeln, das – wäre es bekanntgeworden – die DDR außenpolitisch blamiert hätte. Es ging um den Verkauf alter Aktien und Wertpapiere vornehmlich aus jüdischem Besitz, die sich in den Tresoren des DDR-Finanzministeriums befanden. Gefunden worden waren die Wertpapiere in den weitläufigen und teils vermoderten Tresorräumen der ehemaligen Reichsbank am Werderschen Markt, in deren Gebäude nach dem Krieg zunächst das DDR-

Finanzministerium und später das SED-Zentralkomitee eingezogen war.

Bis zum Ende des Krieges hatte die Reichsbank deutsche und ausländische Wertpapiere in ihren Tresoren verwahrt. Dabei handelte es sich um Bestände, die der Bank in ihrer Eigenschaft als Wertpapiersammelbank seit 1939 übergeben worden waren, und solche, die sich das Deutsche Reich im Zusammenhang mit NS-Verfolgungsmaßnahmen angeeignet hatte.

Nach dem Krieg stellte die deutsche Zentralverwaltung in der SBZ auf Weisung der sowjetischen Militäradministration alle Geschäftsunterlagen und Wertpapiere aus Tresoren geschlossener deutscher Banken sicher. Diese gingen dann nach Auflösung der Bankenkommission im Jahre 1950 auf die Tresorverwaltung des DDR-Finanzministeriums über. Sämtliche zu diesem Zeitpunkt in der DDR noch vorhandenen Alt-Wertpapiere mußten an die Notenbank und das Berliner Stadtkontor abgeliefert werden.

Nicht nur die SED-Führung, auch das MfS war über das von Sekretärin Gellert gemeldete Aktiengeschäft bestens im Bilde – dank Ziesche selbst, der für die Stasi unter dem Decknamen »Halka« als Inoffizieller Mitarbeiter tätig war. »Halka« hatte am 21. Februar 1959 seinem Führungsoffizier Günter Wurm, der später übrigens auch in die »Aktion Licht« eingebunden war, über das »Sondergeschäft« berichtet, das er im Auftrag der SED abwickele. »Dabei handelt es sich um den Verkauf von Wertpapieren, die seit der Zeit des Faschismus im Ministerium der Finanzen liegen, an eine Gruppe von amerikanischen Interessenten«, berichtete Ziesche. Diese Papiere seien offenbar von den Faschisten gestohlen worden. Es ginge um »Aktien, deren Besitzer aller

Wahrscheinlichkeit nach Juden waren«. Die Aktien stammten aus verschiedenen Gesellschaften westlicher Staaten wie Frankreich, Holland, Norwegen, Schweden und Mexiko. Insgesamt schätzte Ziesche gegenüber der Stasi den Nennwert der im DDR-Finanzministerium lagernden Wertpapiere aus der Zeit des Dritten Reiches auf sieben bis acht Milliarden Dollar.[1] Die Verkaufsverhandlungen mit der Gruppe von amerikanischen Geschäftsleuten gingen zunächst zügig voran. Die Amerikaner hatten zwar schon 1955 vorsichtig den Kontakt zur DDR gesucht, aber erst 1958 ihr Kaufinteresse deutlich gemacht. Vermittelt wurde der Kontakt über den Züricher Rechtsanwalt Zündel, der von den Amerikanern mandatiert worden war, und den Generalsekretär der kommunistischen Schweizer Partei der Arbeit (PdA), Edgar Woog.

Den Kontakt zum PdA-Chef Woog hatte die ZK-Abteilung für Internationale Verbindungen in Ost-Berlin hergestellt. Edgar Woog, der von den Genossen in Anspielung auf seine einst herausragende Rolle im Exekutivkomitee der Kommunistischen Internationale (EKKI) »Ekki« genannt wurde, war für die vorgesehene Aufgabe geradezu prädestiniert: Als linientreuer Kommunist und Spross einer gutsituierten Kaufmannsfamilie kannte er sowohl die ideologischen Gedankenmuster seiner Partner im Osten als auch die wirtschaftlichen Kalkulationen der Westler.

In den Gesprächen mit dem Ost-Berliner Bankenvertreter Ziesche betonten die Beauftragten der amerikanischen Käufergruppe, daß ihre Mandanten die Rükkendeckung der US-Regierung hätten. Zwar seien US-Präsident Eisenhower und dessen Außenminister Dulles gegen das Aktiengeschäft, einflußreiche Mitglieder der

Regierung unterstützten jedoch das Vorhaben. Sie hätten für das Geschäft insgesamt 100 Millionen Dollar bereitgestellt, notierte Stasi-Spitzel Ziesche in seinem Bericht. Besonders interessiert waren die Amerikaner offenbar an den um 1939 ausgegebenen Aktien der norwegischen Gesellschaft Norsk-Hydro, einer früheren norwegischen Tochtergesellschaft der I.G. Farben mit Sitz in Oslo. Nach den Worten Wollners hätten die USA einen Vertrag mit Norwegen über die Rückführung dieser Aktien abgeschlossen. Die in der DDR befindlichen Aktien dieses Unternehmens hatten einen Nennwert von 13,2 Millionen norwegischen Kronen; ihr Kurswert lag im März 1959 aber bei rund 30,5 Millionen. Hinzu kämen noch Dividendengewinne von wenigstens 19 Millionen norwegischen Kronen, was einen Gesamtwert von rund 50 Millionen ausmachte.

Doch es gab ein Problem: Nach dem Holocaust und den Wirren des Weltkrieges waren Millionen von Wertpapieren in dunklen Kanälen versickert. Das hatte dazu geführt, daß in den meisten westlichen Ländern nach 1945 sogenannte Wertpapier-Bereinigungen stattgefunden hatten, die die in den DDR-Tresoren lagernden Aktien praktisch wertlos machten.

Es sei denn, die Käufergruppe würde eine Möglichkeit finden, die Werte zu deblockieren. Wie das gehen könnte, darüber hatte die Stasi schon einmal nachgedacht: Die Amerikaner könnten ja erklären, die Wertpapiere »stammten aus dem Besitze jüdischer Bürger, die in den Ostblockstaaten wohnen oder wohnten. Sie hätten deshalb keine Möglichkeit gehabt, sich über die Wertpapier-Bereinigung zu informieren, und deshalb die Anmeldefristen oder andere technische Bestimmungen nicht beachten können. Deshalb müßten die betreffenden Länder Ausnahmen gestatten und die Wertpapiere trotz der abgeschlossenen Bereinigung entsprechend bereinigen.«[2]

Der Preis der Transaktion wäre jedoch, daß die Aktien nur für eine Summe von 6,5 bis 7,5 Prozent, bestenfalls von zehn Prozent des Nennwertes veräußert werden könnten. Die Rechnung der Stasi: Die Amerikaner zahlen für die Norsk Hydro-Aktien etwa 810 000 Schweizer Franken. Von dieser Summe müsse »ein Prozent an den Genossen Woog von der Partei der Arbeit abgeführt werden, und ein Prozent sind sonstige Unkosten«. Doch die verbleibenden rund 794 000 Schweizer Franken wären für die an Devisen stets klamme SED immer noch ein willkommener Valutaregen gewesen. »Wenn wir diese Papiere verkaufen würden, wären wir für dieses Jahr aus der Devisenknappheit heraus«, schätzte Ziesche alias IM »Halka« ein.[3]

Trotz des verlockenden Angebots aber war die DDR-Seite unentschlossen. Der kleine Kreis von Mitwissern im SED-Zentralkomitee und bei der Stasi rätselte vor allem über das Motiv der Amerikaner, dieses Aktiengeschäft durchzuziehen. Wenn die Amerikaner soviel Geld für den Kauf dieser Papiere bezahlen wollten, dann hatten sie entweder juristische Möglichkeiten, die Aktien wieder aufzuwerten – oder sie wollten das Geschäft für eine »politische Diskriminierung« der DDR ausnützen, indem sie Ost-Berlins Hehlerei mit dem Nazi-Raubgut öffentlich machten.

Nachdem 1959 die Verhandlungen zunächst zum Abschluß gebracht worden waren, stoppte der damalige Präsident der DDR-Notenbank 1960 die praktische Abwicklung des Geschäfts. »Die Gründe hierfür waren, daß die Übernahmebereitschaft und Preisangaben in

einem offenen Telegramm an die Deutsche Handelsbank AG übermittelt wurden«, berichtet »Halka« seinem Führungsoffizier.[4] Man habe jede Möglichkeit ausschließen müssen, »möglichen Provokationen unserer
Gegner auch im Zusammenhang mit einem solchen Wert-
papiergeschäft« Vorschub zu leisten. Das Geschäft wurde
deshalb vorerst auf Eis gelegt.

Dafür versuchte Ost-Berlin zunächst, andernorts Er-
fahrungen im internationalen Handel mit alten Wertpapieren zu sammeln. Im Jahre 1960 wickelte Ziesche mit
Zustimmung des Chefs der DDR-Notenbank, Martin
Schmidt, ein »Testgeschäft« ab, bei dem die DDR nur
als Vermittler agierte. Es ging um holländische Wertpapiere, die von dem West-Berliner Geschäftsmann Gerhard Gente beschafft worden waren und an die schon
bekannte Käufergruppe aus den USA und den Züricher
Rechtsanwalt Zündel verkauft werden sollten. Insgesamt hatte das Geschäft einen Umfang von 400 Millionen Schweizer Franken; die Provision für die DDR
sollte zwei Prozent betragen, woraus sich die SED-Fi-
nanzexperten schon einen Reingewinn von acht Millionen Schweizer Franken ausgerechnet hatten. Ein erster
Probeverkauf brachte der DDR auch 2 000 Schweizer
Franken ein, die auf das Konto 1604 »Werga« bei der
Züricher Handelsbank überwiesen wurden.[5]

Doch das eigentliche »Hollandgeschäft im großen
Stil« schleppte sich dahin. Erst Anfang August 1962
wurde der DDR eine erste Zahlung von zwei Millionen
Schweizer Franken in Aussicht gestellt. Ob sie jemals
erfolgte, geben die bislang aufgefundenen MfS-Dokumente nicht preis.

Ungeklärt bleibt auch die Frage, ob die 1961 wieder
in Gang gekommenen Verhandlungen mit den Ameri-

kanern über die Norsk-Hydro-Aktien erfolgreich zu Ende geführt werden konnten. Die USA-Seite hatte mit dem Kopenhagener Geschäftsmann Carl Vollmer einen neuen Vermittler benannt. Und Vollmer machte der DDR am 11. August 1961, nur zwei Tage vor dem Mauerbau, ein verlockendes Angebot: Die Amerikaner wären bereit, die Norsk-Hydro-Aktien nun sogar zu 20 Prozent des Nennwertes zu übernehmen und weitere ausländische Wertpapiere, die aus der NS-Zeit stammten, mit bis zu 15 Prozent zu honorieren. Von Ziesche wurde diese Transaktion als »prüfenswert« eingeschätzt.

Gleichwohl machte Spitzel »Halka« auf die Gefahren eines solchen Geschäfts aufmerksam. Es könnten Schadensersatzforderungen gegen die DDR vor ausländischen Gerichten angestrengt werden, wenn die durch die Nazis enteigneten Besitzer der Wertpapiere feststellten, daß ihre Aktien plötzlich wieder an der Börse gehandelt werden. Der politische Schaden für die DDR wäre in einem solchen Fall möglicherweise noch nachhaltiger als der finanzielle, warnte er. Andererseits sollte der Verkauf der Altbestände nicht von vornherein ausgeschlossen werden, da man ja immer noch einen Diebstahl der Wertpapiere in den Wirren des Zusammenbruchs als Möglichkeit angeben könne. Aus diesem Grund, so empfahl »Halka«, solle »die Abwicklung einer solchen Transaktion ... nur auf dem Boden unserer Republik durch Privatpersonen in einem Hotel oder ähnlichem erfolgen und portionsweise vorgenommen werden, wobei unmittelbar der Tausch von Ware gegen Geld vollzogen werden sollte«. Der Staat würde gar nicht in Erscheinung treten.[6]

Was in den Folgejahren genau gelaufen ist, kann bis-

Diese Wertpapiere aus der Zeit des Nationalsozialismus, die nach 1945 in den Tresoren des ehemaligen Finanzministeriums verblieben waren, sollten heimlich nach Amerika verkauft werden. Heute befinden sie sich im Bundesamt zur Regelung offener Vermögensfragen, wo sie auf ihren Wert geprüft werden.

her nicht verbindlich rekonstruiert werden. Bekannt ist lediglich ein Nachspiel aus dem Jahr 1969. Damals meldete sich ein italienischer Geschäftsmann während der Leipziger Herbstmesse und bat darum, Feodor Ziesche zu sprechen. Er sei auf Empfehlung von Edgar Woog, dem Schweizer Kommunistenchef, hier, ließ er ausrichten, und es ginge um die Altaktien. Doch Ziesche lehnte ein Gespräch ab. Er habe mit dieser Angelegenheit nichts mehr zu tun, ließ er den Italiener ohne weitere Begründung wissen.

In der Tat war es 1968 in der DDR zu einer Neuregelung der entsprechenden Kompetenzen gekommen. Das »Amt für Rechtsschutz des Vermögens der DDR« hatte die umfangreichen Wertpapierbestände aus den ehemaligen Reichsbanktresoren übernommen. Gleichzeitig wurden der Behörde von der Stasi jene Aktienpakete übergeben, die im Rahmen der »Aktion Licht« aus den Safes und Bankschließfächern geraubt worden waren. Dabei handelte es sich um »Aktien kapitalistischer Firmen des ehemaligen Deutschen Reiches sowie ausländische Aktien, über deren Herkunft nichts bekannt ist (vom faschistischen Staat geraubt, gekauft oder Privatpersonen gehörig)«, wie es in dem entsprechenden Aktenvermerk aus der Stasi-Hauptabteilung XVIII heißt.[7]

Die Unsicherheit über die Herkunft der Aktien hinderte die SED-Führung jedoch nicht daran, in den siebziger Jahren einen erneuten Anlauf zu wagen, die Wertpapiere gegen teure Devisen im Westen zu verkaufen. Diesmal übertrug man die heikle Aufgabe gleich der Stasi, die den Handel in gewohnt konspirativer Weise über eine Firma aus der von ihr kontrollierten Hauptabteilung I des Devisenimperiums Kommerzielle Koordinierung (KoKo) abwickelte – der Kunst & Antiquitäten GmbH (K&A).

Die KoKo, seit ihrer Gründung 1966 von Staatssekretär Alexander Schalck-Golodkowski geleitet, war ein abgeschirmter Bereich innerhalb des DDR-Ministeriums für Außenhandel. Seine Aufgabe bestand vor allem in der außerplanmäßigen Devisenerwirtschaftung für den Staatshaushalt einerseits, für SED und MfS andererseits. Zu diesem Zweck steuerte der Schalck-Bereich insgesamt 224 Firmen, von denen ein Teil im westlichen Ausland ansässig war.[8]

Die Stasi hatte sich von Beginn an einen großen Einfluß bei der KoKo gesichert. Das war auch deshalb notwendig, weil die Handeltätigkeit der KoKo häufig die gesetzlichen Vorschriften im In- und Ausland verletzte und daher durch den Geheimdienst entsprechend abgesichert werden mußte. Von Beginn an lag die Leitung daher in den Händen des MfS: Sowohl KoKo-Chef Schalck-Golodkowski als auch dessen Stellvertreter Manfred Seidel waren zwar offiziell Regierungsbeamte, als Offiziere im besonderen Einsatz (OibE) aber faktisch den Weisungen von Stasi-Minister Erich Mielke unterstellt. Auch auf besonders sensible Geschäftsbereiche, wie den Handel mit Waffen, Kunstgegenständen und Embargotechnik, nahm die Stasi durch den Einsatz von OibE und inoffiziellen Mitarbeitern unmittelbaren Einfluß.

Der Bereich KoKo war in drei Hauptabteilungen unterteilt. Die Hauptabteilung I hatte dabei aufgrund ihrer engen Anbindung an das MfS eine Sonderstellung inne. Sie wurde von Schalcks Stellvertreter Seidel geleitet, dessen Stasi-Dienstgrad Oberst war.

Ihr gehörten die »operativen Firmen« des MfS an:

Asimex, Camet, F. C. Gerlach, Forgber, Interport, Intertechna, Letex und die in Lugano ansässige Befisa S.A.; hinzu kam die Kunst & Antiquitäten GmbH, die 1973 gegründet worden war.

Die Schaffung der K&A ging auf eine Anregung von Politbüromitglied Kurt Hager zurück. Anfang der siebziger Jahre befand sich die DDR aufgrund der negativen Zahlungsbilanz in einer äußerst kritischen Situation. Hager, der in der SED-Führung unter anderem für den Bereich Kunst zuständig war, schlug als Ausweg vor, Bestände aus den ihm unterstellten Einrichtungen zur Verbesserung der Devisenerträge einzusetzen. Das hieß nichts anderes, als daß Museumsstücke und andere Kunstgüter auf dem westlichen Markt verkauft werden sollten. Zur Abwicklung dieser Geschäfte diente vor allem dic K&A, die der von der Stasi kontrollierten Hauptabteilung I innerhalb des KoKo-Bereichs zugeordnet wurde. Sämtliche Aktivitäten der K&A unterlagen fortan der Anleitung und Kontrolle durch die Stasi.

Das drückte sich unter anderem schon darin aus, daß die wichtigsten Mitarbeiter der K&A auch Inoffizielle Mitarbeiter (IM) des MfS waren. So dienten neben anderen die beiden Hauptgeschäftsführer Horst Schuster (IMB »Sohle«) und Joachim Farken (IM »Hans Borau«), der Ende der achtziger Jahre intern schon als künftiger Schalck-Nachfolger gehandelt wurde, dem Mielke-Imperium genauso wie die Geschäftsführer Hans Kopmann (»Hans«), Gernot Haubold (»Rose«) und Klaus-Dieter Richter (»Peter Reichelt«).[9]

Um auch den devisenträchtigen Antiquitätenhandel kontrollieren zu können, übernahm die K&A 1974 die bis dahin auf diesem Gebiet sehr erfolgreiche Privatfirma »Antikhandel Pirna«, deren schillernder Besitzer

48

Die Kunst & Antiquitäten GmbH aus dem Bereich Kommerzielle Koordinierung unter der Leitung von Stasi-Oberst Schalck-Golodkowski hatte ihren Hauptsitz in Mühlenbeck bei Berlin, wo sie über große Warenlager und Verkaufsräume für devisenkräftige Kunden verfügte.

Siegfried Kath wegen angeblicher Unterschlagung 1974 verhaftet wurde. Nachdem er 17 Monate im Gefängnis gesessen und auf seine zahlreichen Antiquitäten verzichtet hatte, ließ man ihn in die Bundesrepublik ausreisen. Den Antiquitätenexport von jährlich etwa 30 Millionen DDR-Mark betrieb jetzt der VEB (K) Antikhandel. Kath baute sich im Westen ein eigenes neues Handelsgeschäft auf und wurde später Marketingdirektor im bayerischen »Antikhandel Aschheim«, von wo aus er auch Geschäftsbeziehungen zur K&A unterhielt. Nachdem Kath in den Verdacht unsauberer Geschäfte und der Zusammenarbeit mit dem BND geraten war, brach die KoKo jedoch den Kontakt zu ihm ab.

In den Folgejahren dehnte die K&A ihre Geschäftstätigkeit immer weiter aus und kontrollierte schließlich allein den DDR-Export von Kunst, Antiquitäten und Gebrauchtwaren kulturellen Charakters. Das KoKo-Unternehmen stieg sogar in den internationalen Briefmarkenhandel ein. Vor allem Marken aus der Nazizeit, deren Handel in der DDR verboten war, lancierte die KoKo wohldosiert über ihre Geschäftspartner in der Bundesrepublik und der Schweiz auf die Märkte in Westeuropa und den USA. Schalcks Leute konnten dabei aus dem Vollen schöpfen, lagerten in Ost-Berlin doch die Restbestände der einstigen Reichsdruckerei des NS-Staates. Allein zwischen 1976 und 1979 erwirtschaftete die K&A aus dem Verkauf von sogenannnten »verbotenen Marken« rund 1,6 Millionen DM.[10] Wieviel Gewinn die K&A bis 1989 mit all ihren legalen und illegalen Geschäften insgesamt einfuhr, geht aus den bislang vorliegenden Geschäftsunterlagen nicht hervor. Es ist lediglich bekannt, daß zwischen 1973 und 1989 insgesamt 330 Millionen DM an den Staatshaushalt ab-

50

geführt wurden; weitere fünf Millionen DM vom Gewinn behielt die K&A jedes Jahr zur Reinvestition und als Rücklage zurück. Daraus ergibt sich ein jährliches Durchschnittsergebnis von 25 Millionen DM.

Der jährliche Gewinnplan der K&A sah dagegen jeweils eine Summe in der Größenordnung von etwas über 50 Millionen DM vor. Aus der stabilen Leitungsbesetzung des Unternehmens und der all die Jahre hindurch geduldeten relativen Selbständigkeit der K&A-Chefs Schuster und Farken läßt sich schlußfolgern, daß die Gesellschaft ihre Planvorgaben wohl erfüllt haben dürfte, wenn nicht sogar noch übertroffen hat. Das aber könnte bedeuten, daß die Hälfte des K&A-Gewinns nicht an den Staatshaushalt abgeführt wurde, sondern in andere Kanäle abgeflossen ist.

Für den heiklen Handel mit Altaktien suchte das MfS einen besonders zuverlässigen Genossen und fand ihn in Horst Schuster alias IMB »Sohle«, Jahrgang 1932, den Chef der K&A. Schuster war bereits 1963 von der HVA als Agent angeworben worden. Als Delegat des Ministeriums für Außenhandel an der Beiruter DDR-Botschaft sollte er Schleusungsoperationen von DDR-Bürgern über die bundesdeutsche Botschaft ausspionieren. Mitte der sechziger Jahre kehrte Schuster aus dem Libanon zurück und übernahm im Außenhandelsbetrieb Elektrotechnik eine Stelle als Kontordirektor. Die HVA reichte ihren tüchtigen Spitzel an die Hauptabteilung XVIII weiter, die sich von »Sohle« über dessen Handelsgeschäfte mit westlichen Firmen auf dem laufenden halten ließ.

Als besonders ergiebige Quelle erwies sich Schuster ab 1973: In diesem Jahr gründete er im Auftrag der KoKo die K&A, die er als Hauptgeschäftsführer und späterer Generaldirektor bis 1980 leitete. In dieser Zeit berichtete er regelmäßig seinen Stasi-Offizieren Helmut Hillebrand und Dieter Stets.

Die K&A mit ihren weitverzweigten Verbindungen zu seriösen, aber auch zwielichtigen Händlern und Sammlern im Westen, war in den Augen des MfS die ideale Schaltstelle, über die sich die Aktien gegen harte Devisen absetzen ließen. Und Schuster machte sich mit Elan an die neue Aufgabe. Ihm zur Seite stand eine zuverlässige Mitarbeiterin von KoKo-Vize Manfred Seidel, Inge Emmerich. Über ihre genaue Rolle innerhalb des KoKo-Bereichs und ihre Verbindungen zum MfS wird bis heute gerätselt. Sicher ist, daß sie eine absolute Vertrauensstellung hatte, was unter anderem die Tatsache beweist, daß ihre Ost-Berliner Privatanschrift bis Anfang der siebziger Jahre als Deckadresse für den konspirativen Schriftverkehr Schalcks mit Schweizer Banken benutzt wurde.[11] Im Vorzimmer von Schalck und Seidel sitzend, war sie darüber hinaus für die Verwaltung der Bargeldkassen des KoKo-Bereichs zuständig. Ihr oblag es auch, den Überblick über die Hunderttausenden von Alt-Aktien und Wertpapieren zu behalten, die in den Tresoren der DDR-Staatsbank und den Kellern der alten Reichsbank lagerten. Vor Schusters Verkaufsverhandlungen verfaßte sie seitenlange Spezifikationen, in denen die Angebote der K&A aufgelistet waren. Hatte sich der Kaufinteressent entschieden, stellte sie die Bestellung zusammen. Mitunter waren es 20 Koffer voller Aktien auf einmal, die sie in Schusters Büro schaffen ließ, von wo aus dieser die Beute dann für Zehntausende Dollar an einen Kunden verkaufen ließ.

Das Geschäft, offiziell getarnt als Handel mit »antiken Papieren«, lief 1974/75 gut an. Die Zahl der Käufer war zwar gering, aber das kam dem konspirativen Charakter des Geschäfts durchaus entgegen. Da die wenigen Kunden, darunter vor allem Amerikaner, die alten Dokumente in Sammlerkreisen umsetzten, wurden die Aktien kiloweise von Schuster abgegeben. Sie ließen sich ohnehin nur noch zu einem geringen Prozentsatz des alten Nominalwertes veräußern. So erwarb der amerikanische Geschäftsmann Jack Lebenfeld, der angeblich im Auftrag von Hintermännern aus Las Vegas tätig war, im Sommer 1975 bei Schuster ein umfangreiches Aktienpaket für insgesamt 60 000 Dollar. Ein Jahr später aquirierte ein anderer Amerikaner für seine Firma 50 Koffer mit weniger wertvollen Wertpapieren, für die er 20 000 Dollar berappte.

Unter welch zweifelhaften Umständen diese Geschäfte abliefen, verdeutlicht folgende Episode: Als ein Amerikaner anbot, die verlangten 20 000 Dollar über eine dritte Person bezahlen zu lassen, lehnte der K&A-Chef ab. Er müsse auf direkter Barzahlung bestehen, sagte er. Schließlich einigten sich die beiden darauf, daß der Käufer das Geld in einem Briefumschlag in Schusters heimischen Briefkasten stecken solle![12] Der Amerikaner hatte offenbar Wort gehalten. Denn während der Leipziger Herbstmesse 1977 tauchte er erneut am Stand der K&A auf und kaufte dort vier Koffer mit Wertpapieren. Diesmal legte er pro Koffer 1 500 Dollar auf den Tisch.

Insgesamt setzte Schuster zwischen 1975 und 1979 mindestens 100 000 D-Mark jährlich mit den Wertpapieren um. Das Geschäft lief so gut, daß ihn KoKo-Chef Schalck-Golodkowski – auch wegen seiner Verdienste im Antiquitäten-Ausverkauf an den Westen – 1978 zur Auszeichnung mit der DDR-Verdienstmedaille vorschlug. Schuster habe nicht nur »kontinuierlich die ihm übertragenen Planaufgaben erfüllt und übererfüllt«, begründete Schalck seinen Vorschlag, der K&A-Chef habe auch dafür gesorgt, »daß im Handel mit Kunstgegenständen unsere sozialistische Gesetzlichkeit durchgesetzt wurde«, setzte der KoKo-Boss flunkernd hinzu.

Von Beginn an bezog Horst Schuster auch seinen engsten Geschäftspartner, den österreichischen Antiquitätenhändler Hans Peter Schillinger, in den dubiosen Aktienhandel mit ein. Der 1927 geborene Unternehmer ist nicht zuletzt durch seine Geschäfte mit der KoKo-Firma K&A zum Millionär geworden. Über sein in den sechziger Jahren gegründetes Unternehmen »RCM Rubens Consultant & Management AG« im schweizerischen Zug war Schillinger laut Stasi-Protokoll »fast an der gesamten Geschäftstätigkeit der Kunst und Antiquitäten GmbH direkt als Vertreter oder indirekt beteiligt. Zum Beispiel besitzt er die Gesamtvertretung für die Bundesrepublik, England, teilweise Holland. Bei Auktionen wurde die RCM gegen 50 Prozent Provision als Einlieferer eingeschaltet.«[13]

Aus steuerlichen Gründen soll Schillinger neben seiner Firma RCM noch die Liechtensteiner »IHE Aktiengesellschaft« in Vaduz unterhalten haben, wußte Schuster 1978 seinem Führungsoffizier Stets zu berichten. »Auf diese Weise führt er praktisch Privatkonten als Firmenkonten in der Schweiz, die damit einer Besteuerung nicht unterliegen.«[14] Kennengelernt hatten sich Schuster und Schillinger schon in den sechziger Jahren, als der Österreicher als Berater der US-Firmen Triumph und Avon mehrmals die DDR bereiste. 1973, kurz nach der Gründung der K&A, vermittelte Schillinger Kontakte zu Dr. Paul Hofstedter, einem Mitglied der berühmten Wiener Kunsthändler-Familie, der daraufhin Einkaufstouren in die DDR unternahm.[15]

Schillinger und Schuster verstanden sich prächtig. Das ging soweit, daß der Österreicher seinem Freund von der KoKo Tarnkonten in der Schweiz und Österreich einrichtete, um die von Schuster heimlich beiseite geschafften Provisionen aus den gemeinsamen Geschäften zu verstecken.

Was Schillinger jedoch nicht wußte – Schuster hatte seine Stasi-Führungsoffiziere über die »heimlichen« Konten auf dem laufenden gehalten.*

Im Sommer 1983 floh Schuster mit seiner Lebensgefährtin in die Bundesrepublik. Die Untersuchung der Stasi ergab, daß Schusters Konto, das er von Schillinger führen ließ, ein Guthaben von zwei bis drei Millionen DM aufgewiesen haben soll, weit mehr, als in der DDR bei der Rückführung angekommen war. Schuster seinerseits klagte nach der Ankunft in der Bundesrepublik gegen Schillinger, da er sich betrogen fühlte: Schillinger habe nicht alle Guthaben, die er für Schuster in der Schweiz verwaltete, an Manfred Seidel abgeführt. Außerdem besitze er noch Ansprüche gegen den Österreicher aus Geschäften, die beide über »Drittstaaten« geführt hätten. Der bizarre Rechtsstreit endete mit

---

* Zwei Jahrzehnte später sagte Schuster vor dem »Schalck-Untersuchungsausschuss« des Bundestages aus, daß er habe diese Konten als »schwarze Kassen« für Manfred Seidel geführt habe. Jährlich seien etwa einige hunderttausend Mark darauf eingezahlt worden. Da Seidel ein Mann des MfS gewesen sei, seien diese Gelder wohl auch der Stasi zugute gekommen. Nach seiner Abberufung als K&A-Chef 1980 seien diese Konten aufgelöst und die Guthaben in die DDR zurückgeführt worden, erklärte Schuster.[16]

einem Vergleich: Schillinger zahlte seinem ehemaligen Freund Schuster 250 000 DM.

Das besondere Vertrauensverhältnis der beiden, die exzellenten Verbindungen Schillingers und dessen Geschäftstüchtigkeit prädestinierten den Österreicher zu einem Partner für die heiklen Aktiengeschäfte. Als Schuster ihm das im April 1975 vorschlug, zeigte sich Schillinger begeistert. Er hätte Möglichkeiten, auf Anhieb 100 000 Aktien zu einem Stückpreis zwischen drei und fünf DM zu verkaufen. Die Differenz zum Ankaufspreis von 3,50 DM, den Schillinger der K&A zahlen sollte, könnte er privat mit Schuster teilen.

Einen Monat später orderte Schillinger bei dem K&A-Chef eine weitere Aktienlieferung im Umfang von 10 000 Stück. Er wollte sie einer Firma in Wien verkaufen und dabei sogar einen Stückpreis von fünf bis sechs DM erzielen.

Den Gewinn, so schlug der geschäftstüchtige Österreicher vor, sollten beide in den Kauf von weiteren 100 000 Aktien stecken und diese in Österreich deponieren, um sie »später bei einem Emporschnellen der Preise, das bei diesem neuen Sammlergebiet zu erwarten ist, auf den Markt zu geben und ein Vielfaches zu verdienen«.[17]

Im Juli 1975 suchte der Amerikaner Edwin Slade den K&A-Chef Schuster in dessen Büro in Ost-Berlin auf. Slade, der – wie sich später herausstellen sollte – über enge Beziehungen zum US-Geheimdienst CIA verfügte, berief sich auf angebliche Referenzen, die man bei der US-Botschaft erfragen könne. Und dann kam er zur Sache: Eine Gruppe von Geschäftsfreunden aus Las Vegas – zahlungskräftige Investoren, Hotel- und Spielcasinobesitzer – habe ihn beauftragt, in das Aktiengeschäft

56

mit der DDR einzusteigen. Man sei bereit, einen Grundpreis von zehn Dollar je Aktie zu zahlen.

Er und seine Leute unterhielten gute Beziehungen in
den US-Senat, fuhr Slade fort. Sie könnten beeinflussen,
daß amerikanische Regierungsvertreter bei Kreditverhandlungen mit bestimmten Ländern die Anerkennung
alter Aktien als Vertragsgegenstand durchsetzten. So sei
es auf den Einfluss seiner Freunde zurückzuführen, daß
die polnische Regierung sich kürzlich im Zusammenhang mit einem Kredit über 80 Millionen Dollar bereit
erklärt habe, alte Wertpapiere und Anteilsscheine polnischen Ursprungs für einen Preis, der bei 30 Prozent
des Nennwertes liege, zurückzukaufen. »Selbst, wenn
das die Polen zehn Millionen Dollar kostet, sie aber
dafür 80 Millionen bekommen, ist das noch ein faires
Geschäft«, meinte Slade.

Aus diesem Grund stünden hinter dem Aktiengeschäft
keine Sammlerinteressen, sondern »Geschäfte, die man
sehr weit und langfristig anlegt und plant und mit der
Politik verbindet«.[18]

Für die nähere Zukunft seien ähnliche Abmachungen
der US-Regierung mit Ungarn, Rumänien und der
ČSSR geplant. Bei der ČSSR wolle man zum Beispiel die
Verhandlungen über die Rückgabe der von den Nazis
geraubten Goldbestände der tschechischen Staatsbank,
die einen Wert von etwa 20 Millionen Dollar ausmach-
ten und noch von der Tripartite-Kommission* verwal-

---

* Die Tripartite Gold Commission (TGC) wurde 1946 von den drei
  Siegermächten Frankreich, Großbritannien und USA gegründet.
  Die in Brüssel ansässige TGC war für die Verwaltung und Rück-
  gabe der von den Nazis geraubten Goldbestände der europäischen
  Zentralbanken verantwortlich. Der Großteil der geraubten 337
  Tonnen Gold wurde bereits in den fünfziger Jahren zurückge-

tet würden, an entsprechende Abmachungen über Alt-aktien koppeln.

Dabei gehe man auf US-Seite davon aus, daß aus der Einlösung der alten Wertpapiere noch ein Gewinn von rund zwei Millionen Dollar zu erzielen sei. Diese Beispiele machten deutlich, faßte Slade zusammen, daß es »nur über eine solche Macht wie die USA möglich« sei, Alt-Aktien in klingende Münze zu verwandeln.[19]

Schuster war beeindruckt. Mit der Stasi verabredete er, den Aktienhandel nun vor allem auf die »Las-Vegas-Schiene« zu verlagern. Um seinen alten Kumpel Schillinger dennoch an dem profitablen Handel partizipieren zu lassen, kam er mit seinem Stasi-Führungsoffizier Oberstleutnant Hillebrand überein, den Österreicher »aus Sicherheitsgründen« in das USA-Geschäft einzuschalten. So sollte Schillinger seine Geschäftskonten für die Bezahlung bereitstellen und die »heiße Ware«, würde sie von Slade nicht selbst abgeholt werden können, in den Westen schaffen.

Außerdem versprach sich Schuster von Schillingers Engagement weitere finanzielle Vorteile für seine K&A und die Stasi: Nicht nur, daß der wohlhabende Antiquitätenhändler aus Zug bei den Aktiengeschäften Vorkasse leisten könne; er würde sich seine Vermittlerleistungen von den Amerikanern auch noch extra honorieren lassen »und den IM am Gewinn des Sch. beteiligen«, notierte Hillebrand begeistert.[20] Schillinger war mit Schusters Vorschlag einverstanden und setzte

geben. Der Kalte Krieg führte jedoch dazu, daß die Rückgabe der Goldbestände an die osteuropäischen Staaten hinausgezögert wurde. Ende 1997 verwaltete die TGC noch 5,5 Tonnen Gold. Die bis dahin letzte Auszahlung erhielt Albanien im Herbst 1996.

sich umgehend mit Slade in Las Vegas in Verbindung. Die beiden verabredeten für die zweite Oktoberhälfte 1975 ein Treffen im tschechischen Marienbad, um dort mit Schuster den genauen Geschäftsumfang abzuklären. Der K&A-Chef informierte seinerseits KoKo-Vize Seidel von dem bevorstehenden Treffen und bat ihn, seine Mitarbeiterin Emmerich eine neue Spezifikation des zum Verkauf vorgesehenen Aktienbestandes für die Amerikaner erarbeiten zu lassen.

Im herbstlichen Badeort kam das Trio dann schnell zur Sache. Schuster machte Slade klar, daß er von den Verantwortlichen in der DDR gehalten sei, den Aktienhandel als »Souvenirgeschäft« zu führen und strengsten Wert auf Diskretion zu legen. Sollte dennoch etwas von den anrüchigen Geschäften an die Öffentlichkeit dringen, müsse er, Schuster, davon ausgehen, »daß meine Auftraggeber ... sich sofort von mir distanzieren«. Schillinger sprang dem K&A-Chef zur Seite und ergänzte, daß »eine angemessene Bezahlung auch das Interesse an diesem Geschäft erleichtern« würde.[21] Slade redete ebenfalls Klartext: Die US-Geheimdienste wüßten, daß sich ca. 500 000 Alt-Aktien in der Verfügungsgewalt der DDR befänden. Bei einem vereinbarten Grundpreis von zehn Dollar pro Stück mache dies einen Wert von fünf Millionen Dollar aus – ein Preis, den seine Gruppe zu zahlen bereit sei.

Schuster übergab dem Amerikaner daraufhin drei Listen mit Aktien, die zu dieser Zeit im KoKo-Angebot waren. Slade verglich diese Aufstellungen mit einer eigenen Übersicht und erklärte, daß nicht alle in der Liste aufgeführten deutschen Aktien verwendbar seien. Die westdeutsche Bundesregierung habe vor Jahren eine Übersicht an die Finanzministerien befreundeter

Länder herausgegeben, in der Aktien deutscher Unternehmen im Nennwert von insgesamt 350 Millionen Dollar als gesperrt aufgeführt seien, da sie entweder als vermißt oder als »von der UdSSR gestohlen« galten.

Dennoch gebe es auch hier eine Lösung, versprach Slade. So könne man das Aktienpaket »zufällig« auf einem Landsitz finden, den die vor kurzem verstorbene Vera Krupp, die der bekannten deutschen Industriellenfamilie entstammt, nach 1945 nahe Las Vegas bewohnt habe. Durch einen inszenierten Prozeß um Erbansprüche auf dieses Paket könne man den Besitz quasi legalisieren. Dann wäre es nur noch nötig, die Bundesregierung in Bonn zu einer Freigabe deutscher Aktien zu bewegen, die sich in US-Besitz befinden. Als Druckmittel in dieser Frage böten sich nach Meinung von Slade die gerade laufenden Verhandlungen über ein gemeinsames Satellitenprogramm USA-Deutschland an.

Nachdem man sich über den Kaufpreis für die Aktien geeinigt hatte, klärten die drei Geschäftsleute zum Abschluß der Verhandlungen in Marienbad noch die wichtige Frage, wie man die Provisionen aufteilen wolle. Slade zeigte sich unerwartet großzügig. Um Schuster und Schillinger zu ködern, legte er einen ebenso phantastisch klingenden wie unwahrscheinlichen Verkaufserlös zugrunde: Seine Gruppe werde aus dem von ihm geschätzten Gesamtnennwert aller Aktien von rund 500 Millionen Dollar einen Gewinn von 30 bis 40 Prozent erlösen, kündigte Slade an. Er sei bereit, zehn Prozent vom Verkaufserlös als Provision bereit zu stellen. Demnach läge die Provision bei 15 bis 20 Millionen Dollar.

Slade kündigte an, den entsprechenden Betrag Schuster und Schillinger nach dem Verkaufserfolg auf ein Konto ihrer Wahl zu überweisen. Er selbst beanspruche von dieser Provision nur ein Zehntel. Für den Gegenwert dieser Summe könne ihm die DDR Antiquitäten liefern, schlug er vor.

Schuster und Schillinger waren mit Slades großzügigem Angebot einverstanden. Untereinander kamen sie überein, auch schon beim Ankauf der Aktien durch die Amerikaner Kasse zu machen. Slade hatte sich bereit erklärt, die alten Papiere zu einem Stückpreis von zehn Dollar zu erwerben, was 1975 umgerechnet etwa 23 DM entsprach. Schillinger, der als Zwischenerwerber auftrat, bezahlte der KoKo jedoch nur einen Ankaufspreis von 15 DM. Die Differenz, acht DM pro Aktie, wollte man teilen. Bei einem Verkauf von 500 000 Aktien hätten demnach Schillinger und Schuster – und mit letzterem die Stasi – je zwei Millionen DM verdient.

Abschließend erklärte Slade seinen Gesprächspartnern, daß seine Gruppe derzeit vorrangiges Interesse an tschechischen, polnischen und ungarischen Wertpapieren, aber ebenso an Dollar-Aktien mexikanischen Ursprungs habe. Der Grund für letzteres seien laufende Kreditverhandlungen zwischen den USA und Mexiko, bei denen die US-Regierung das mittelamerikanische Land zur Anerkennung alter Aktien bewegen wolle. Die Chancen dafür stünden nicht schlecht: Der Gouverneur von Nevada etwa, mit dem Slade gut bekannt sei, habe bereits mehrere Gespräche mit dem mexikanischen Präsidenten geführt, in denen es auch um die Ansprüche der USA auf Anerkennung und Auszahlung alter mexikanischer Wertpapiere gegangen sei. Hinzu käme, daß ein Freund Slades als künftiger Finanzminister Mexikos gehandelt werde. In diesem Fall sei eine Realisierung alter Aktien, sogar bis zu 80 Prozent ihres Nennwertes, zu erwarten.

Schon heute seien bestimmte mexikanische Eisenbahn-
aktien zu 40 bis 60 Prozent einlösbar, erklärte Slade. Insgesamt werde der Umfang der noch vagabundierenden,
also nicht bei Behörden registrierten und damit wertlosen mexikanischen Aktien auf 18 bis 28 Millionen Dollar
geschätzt. Er, Slade, und seine Leute glaubten, daß sich
auch in den DDR-Beständen solche Wertpapiere befänden.

Nach Ost-Berlin zurückgekehrt, unterrichtete Schuster Inge Emmerich über die Verhandlungen mit Slade.
Als Schuster davon sprach, daß die Amerikaner von
insgesamt 500 000 Alt-Aktien ausgingen, die sich im
DDR-Besitz befinden sollen, winkte Inge Emmerich ab.
Die tatsächlich vorhandenen Bestände würden Slades
Vorstellungen »weit übertreffen«, sagte sie dem verdutzten Schuster. Deshalb sei es auch nicht gut, Slade
noch mehr Angebotslisten in die Hand zu geben: Auf
diese Weise würde der Amerikaner einen ziemlich genauen Einblick in die DDR-Aktienbestände bekommen, warnte die mißtrauische KoKo-Angestellte.

Anfang November 1975 bestellte Slade bei einem weiteren Besuch in Schusters K&A-Büro österreichische
Schuldverschreibungen, für die nach seinen Worten
aufgrund bevorstehender Kreditverhandlungen Österreichs mit den USA derzeit günstige Einlösemöglichkei-
ten bestünden. Inbesondere ginge es um Anleihen der
Städte Wien und Graz sowie Aktien der Tiroler Wasser-
kraftwerke und Ausgaben der Austrian International
Loan aus dem Jahre 1930.

Bei der Gelegenheit nahm Slade vier Koffer mit insgesamt 1 500 Aktien von Schuster entgegen und übergab
dem K&A-Chef dafür 15 000 Dollar in 100- und 50-
Dollar-Scheinen. Eine Quittung verlangte Slade nicht.

Zum Abschluß stellte er Schuster für den Einkauf im neuen Jahr ein Gesamtvolumen von 200 000 Dollar in Aussicht.

Schuster und die Stasi frohlockten. Das Geschäft schien jetzt endlich richtig in Gang zu kommen und den erhofften Profit abzuwerfen.

Aber das neue Jahr begann mit einem Dämpfer. Im Januar 1976 trafen sich Slade, Schillinger und Schuster in Budapest. Der Amerikaner erklärte, daß die ihm in Ost-Berlin übergebenen österreichischen Wertpapiere von den Wiener Finanzbehörden beschlagnahmt worden seien, weil sie sich als von den Russen gestohlen herausgestellt hätten.

Entsprechend zurückhaltend ging Slade nun die von Schuster übergebenen zwei Listen genau durch und bestellte statt der erhofften 20 000 nur rund 10 000 Stück. Bei einem Ankaufswert von zehn Dollar pro Aktie käme er damit auf 100 000 Dollar, rechnete Schuster. Dies wäre immer noch ein guter Start ins neue Jahr gewesen.

Doch selbst daraus wurde nichts. Slade reiste ab und ließ sich nicht mehr blicken. Auch Schillinger, der für die K&A den Kontakt mit dem Amerikaner halten sollte, kam an Slade nicht mehr heran. Hatte der Ami seine DDR-Partner tatsächlich nur aushorchen wollen?

Schuster überwand die Enttäuschung schnell und kehrte zu seinen »Sammlerkunden« zurück. In den folgenden anderthalb Jahren verramschte er tonnenweise die alten Aktien und Wertpapiere. Für die Dokumente, die er in Koffern und meist unsortiert seinen Geschäftspartnern übergab, strich der K&A-Chef immerhin noch jährlich um die 10 000 Mark ein.

Da kreuzte im August 1977 überraschend Slade in

Schusters Firma wieder auf. Und er kam mit einem verblüffenden Vorschlag: Er und seine Freunde besäßen Aktien und Wertpapiere, die ehemalige Länder und Firmen des Deutschen Reichs beträfen, die sich auf dem Gebiet der heutigen DDR befänden. So besitze er beispielsweise brandenburgische Anleihen in Höhe von 940 000 Dollar. Schuster solle nun seine Beziehungen spielen lassen, damit diese Papiere versilbert werden konnten. Als Gegenleistung stellte Slade verbesserte Beziehungen der neugewählten Carter-Administration zur DDR-Regierung in Aussicht. So könne die USA der DDR einen Kredit einräumen und ihr die Meistbegünstigungsklausel im Außenhandel zuerkennen. Nicht zuletzt würde es auch Mittel und Wege geben, Ostdeutschland beim Aufbau der Elektronikindustrie zu unterstützen.

Schuster brach in schallendes Gelächter aus. Das sei unmöglich, erklärte er Slade. Man würde ihn, trüge er ein solches Ansinnen seinen Chefs vor, für verrückt erklären. Niemals würde die DDR Devisen ausgeben, um alte Landesaktien zu erwerben. Schließlich sei man nicht Rechtsnachfolger des Dritten Reiches.

Slade kam daraufhin mit einem anderen Vorschlag: Schuster möge ihm die Möglichkeit einräumen, die gesamten Wertpapierbestände der DDR durchzusehen, um die auszuwählen, die sich einlösen ließen. Zum einen verfüge er, Slade, über die internen Listen der gesperrten Aktien. Zum anderen wisse er jetzt, wie deutsche Wertpapiere trotz der westdeutschen Sperre eingelöst werden könnten. Die Bundesregierung habe immer argumentiert, erklärte der Amerikaner, daß von den Russen die Aktien gestohlen worden seien, die die Reichsbank während des Krieges bereits angekauft, also honoriert

64

hatte. Tatsache sei aber, daß die von der Reichsbank honorierten Aktien durch ein Geheimzeichen – ein kleines Hakenkreuz am oberen Rand des Dokuments – markiert worden seien. Das heißt, alle Wertpapiere in den DDR-Depots, die dieses Zeichen nicht aufwiesen, wären auch noch nicht honoriert worden. Über Mittelsmänner in den USA könnte eine Auszahlung dieser Papiere vor Gericht durchgesetzt werden.

Wieder schüttelte der K&A-Chef den Kopf. Wie solle er als Einzelperson der DDR die Garantie geben, daß Slade die Papiere ordnungsgemäß und im Interesse der DDR durchsehe, wo er sich doch so lange nicht gemeldet habe. Man vertagte sich.

Ein halbes Jahr später, am 15. März 1978, trafen sich Slade, Schillinger und Schuster ein weiteres Mal in Budapest. Diesmal hatte Slade ein Kreditangebot im Gepäck: Die New Yorker Finanzfirma Paine Webber habe in Absprache mit dem US-Präsidenten, der amerikanischen Regierung und der CIA vor, mit der DDR in Verhandlungen zu treten, um ihr eine Kreditlinie über 500 Millionen Dollar einzuräumen. An dem Kredit würden sich 300 führende US-Industrieunternehmen beteiligen, die an einer Ausweitung des Handels mit der DDR interessiert seien, sagte Slade. Voraussetzung sei jedoch, daß die DDR die alten Aktien anerkenne und einen Teil ihres Nennwertes auszahle. Man versuchte jetzt also das gleiche Spiel wie zuvor mit Polen, Ungarn und der ČSSR.

Schuster versprach, das US-Angebot weiterzugeben. Tatsächlich ging der Kreditvorschlag über Manfred Seidel aber nur bis zur stellvertretenden DDR-Finanzministerin Herta König und verschwand dort in den Akten.

Als Slade in Budapest mit Schuster allein am Tisch saß, gab er seinem Gegenüber erstmals unmißverständlich zu erkennen, daß er über enge Beziehungen zur CIA verfüge. Er werde bei der agency als Ratgeber unter dem Code »NN« geführt. Seine Verbindungsleute würden gern mit Schuster in Washington zusammentreffen, sagte Slade.

Schuster lehnte die Einladung ab. Er habe schon einmal diese Leute kennengelernt und bekäme aus dieser alten Geschichte mindestens noch 40 000 Mark, sagte er.* So lange er aber nicht sicher sein könne, daß ihm in den USA nichts passiere, so Schuster, werde er keinen Fuß in das Land setzen.[22]

Nur wenige Wochen nach dem Gespräch Slades mit Schuster, im Mai 1978, suchte die CIA auch den Kontakt zu dessen Partner Schillinger. Eine Firma aus Bad Reichenhall, die vorgab, mit Antiquitäten zu handeln, habe sich mit ihm in Verbindung gesetzt, informierte der Österreicher seinen Freund Schuster am 17. Mai 1978. Sehr schnell habe er aber gemerkt, daß die Firmeninhaber weniger mit Antiquitäten als mit Informationen handeln würden, erklärte der Antiquitätenhändler. Die Männer hätten sich als Mitarbeiter eines »Amerikanisch-deutschen Informationsbüros« vorgestellt und um Berichte über Schillingers Reisen in den Ostblock gebeten. Er versprach, Schuster die Visiten-

---

* Tatsächlich war Schuster im April 1965 von der CIA in Paris kontaktiert worden. Im Auftrag des MfS ließ sich Schuster kurz darauf als CIA-Agent unter dem Decknamen »Pfaff« anwerben. Die mißtrauischen Amerikaner unterzogen den Ostdeutschen mehrmals einem Lügendetektortest, den dieser aber bestand. Als im Juli 1966 in Ost-Berlin der CIA-Agent Hermann Hüttenrauch festgenommen wurde, war dies auch das vorläufige Ende von Schusters Zusammenarbeit mit der CIA. Die Stasi entschied, daß Schuster im Prozeß gegen Hüttenrauch als Kronzeuge der Anklage aussagen sollte. Der CIA-Mann wurde zu 15 Jahren Haft verurteilt.

karten dieser Herren zu überlassen, auf daß er sie an seine Vorgesetzten weiterreichen könne.[23]

Nach dem Treffen mit Slade in Budapest und Schillingers Erlebnissen schlief das Aktiengeschäft der K&A zunehmend ein. Für 1979 sind keine nennenswerten Aktivitäten auf diesem Gebiet mehr bekannt. Offensichtlich war es für die Stasi ein Alarmsignal, daß die CIA auf der Bühne auftauchte. Der schmutzige Handel mit der NS-Hinterlassenschaft wurde zumindest zeitweise ausgesetzt.

Hinzu kam, daß im Oktober 1980 auch Schusters Karriere bei der K&A endete. Um den Bau von Einfamilienhäusern in Mühlenbeck für sich und seine Stasi-Führungsoffiziere finanzieren zu können, hatte der wendige Geschäftsmann im Verein mit seinen Stasi-Freunden größere DM-Beträge beim Chef der KoKo-Firma Asimex, Günter Asbeck, in DDR-Mark »umgerubelt«. Als die Geldgeschäfte aufflogen, wurde Schuster von Schalck abgelöst und in die KoKo-Firma Berag strafversersetzt. Gleichzeitig beendete die Stasi die Zusammenarbeit mit ihrem IM »Sohle«. Der Vorgang wanderte ins Archiv.

Aber es kam noch schlimmer für die Stasi: Im April 1983 floh Horst Schuster mit seiner Lebensgefährtin Anka von Witzleben über Ungarn in die Bundesrepublik. Die Flucht hatte der Bundesnachrichtendienst organisiert, für den Schuster mindestens noch bis zum Mai 1992 tätig war.[24] Der BND hat Horst Schuster monatelang über seine Kenntnisse zum KoKo-Bereich, zur Tätigkeit des MfS und vor allem zu den Geschäften der K&A befragt. Dabei dürften auch die Aktiengeschäfte zur Sprache gekommen sein, auch wenn sich dies bisher nicht beweisen läßt. Im BND sind die Schuster-Protokolle fast zwei Jahrzehnte nach ihrer Entstehung noch immer als Geheimsache eingestuft. Da auch die in der Gauck-Behörde archivierten IM-Berichte von Schuster alias »Sohle« noch bis weit in die neunziger Jahre hinein unter Verschluß gehalten wurden, war eine zeitgeschichtliche Aufarbeitung nicht möglich, und das unwürdige Verramschen geraubter Aktien aus vorwiegend jüdischem Besitz durch Stasi und KoKo blieb in der Öffentlichkeit weitgehend unbekannt.

Das belegt auch ein Bericht des Bundesfinanzministeriums vom Dezember 1996, der vom Bundestags-Untersuchungsausschuß »DDR-Vermögen« zum Thema der Alt-Aktienbestände aus der ehemaligen DDR angefordert wurde. In dem Bericht heißt es, daß der Bundesregierung aus gesichteten Akten des DDR-Finanzministeriums nach der deutschen Vereinigung »Bemühungen« der DDR bekannt geworden seien, vor 1989 Wertpapiere aus der NS-Zeit im Westen zu veräußern. »Inwieweit diese Bemühungen erfolgreich waren, ist nicht bekannt«, heißt es in dem Bericht. Es bestünden lediglich »Anhaltspunkte dafür, daß die Kunst- und Antiquitäten GmbH im Jahre 1982 insgesamt ca. 1050 Stück I.G.-Farben-Aktien erhalten hat«.

Eine – gelinde ausgedrückt – kräftige Untertreibung. Denn der Bundesregierung beziehungsweise den von Bonn beauftragten Ermittlern dürften nicht nur die Stasi-Akten und BND-Aussagen von Horst Schuster bekannt gewesen sein. Auch in dem umfangreichen Ordner des IMB »Rose« aus der Hauptabteilung XVIII, hinter dem sich der Geschäftsführer der K&A, Gernot Haubold, verbarg, fanden sich Hinweise auf den Aktienhandel. Haubold war nach Schusters Flucht in den

Westen der Mann, der für die K&A in den achtziger Jahren kofferweise alte Wertpapiere in den Westen schaffte und für Lieferungen im Umfang von 10 000 Stück jeweils einen Erlös von 100 000 DM erzielte.

Stasi und KoKo hatten, vermutlich in der Wendezeit, gründlich alle Spuren der Wertpapierplünderung vernichtet. Im Zuge dessen bereinigte man auch die Kartei, in der das »Amt für Rechtsschutz des Vermögens der DDR« die vorhandenen Aktien aufgelistet hatte. Die Folge ist, daß das Bundesamt zur Regelung offener Vermögensfragen (BaRoV), dem die Wertpapiere im Jahre 1990 vom Bundesfinanzministerium übergeben wurden, bis heute keinen konkreten Überblick darüber hat, was sich in ihrem Bestand befindet.

Gegenwärtig sind in einem Bunker mitten in Berlin rund 28,5 Millionen Wertpapiere gelagert. Unter ihnen befinden sich Staatsanleihen, Aktien, Bonds, Schuldverschreibungen und Hypothekenpfandbriefe. Die überwiegende Zahl davon, 26 Millionen Stück, ist auf deutsche Währung ausgestellt. Der größte Teil davon hat nur noch Sammlerwert, da er auf Grund der im alten Bundesgebiet seit 1949 ergangenen Vorschriften zur Wertpapierbereinigung bezüglich der Unternehmen finanziell bedeutungslos, sozusagen kraftlos ist.

Doch auch mit Sammlerstücken läßt sich inzwischen kräftig Geld verdienen. So lagen die Preise der 15 teuersten Wertpapiere im ersten Halbjahr 1999 zwischen 15 700 und 51 700 DM pro Stück. Darunter befanden sich beispielsweise Aktien der Königsberger Maschinenbau AK Vulkan von 1871 (Preis heute: 25 800 DM), der Frankfurter Bank von 1854 (21 300 DM) und der Union Aktiengesellschaft für Bergbau, Eisen- und Stahlindustrie von 1872 (17 400 DM).

Noch mehr Gewinn aber könnte in den rund 2,5 Millionen Wertpapieren aus dem Berliner Bunker stecken, die auf ausländische Währung laufen. Bis zum Jahrtausendwechsel hat das BaRoV es noch nicht vermocht, diese Bestände zu sichten. In der Neujahrsnacht lagen die Auslands-Aktien noch unberührt in den Kartons, in denen sie aus den Reichsbankkellern einstmals geholt worden waren.

Dabei können diese Wertpapiere auch heute noch dem Inhaber viel Geld einbringen. Noch weiß nämlich keiner, ob sich in diesen Kartons nicht vielleicht noch alte Coca-Cola-Aktien, Genußscheine der Bank für Internationalen Zahlungsausgleich oder ausländische Staatsanleihen finden, die nach wie vor gültig sind und inzwischen ein Vermögen wert sein dürften. Das BaRoV räumte in einer Auskunft auf eine entsprechende Anfrage dann auch vorsichtig ein, es sei »bei den ausländischen Wertpapieren nicht auszuschließen, daß noch einige wenige werthaltige, sprich nicht kraftlose Wertpapiere existieren«.[25]

Die Vermutung scheint nicht so abwegig zu sein. Im Oktober 1993 verurteilte ein Berliner Gericht drei ehemalige DDR-Zöllner, die erwischt worden waren, als sie 12 000 alte Wertpapiere für 114 000 DM an einen Aktienhändler verkaufen wollten. Ein Hinweis darauf, daß es womöglich irgendwo noch ein geheimes Depot mit den wirklich teuren Wertpapieren gibt, auf das ehemalige Stasi-Leute Zugriff haben?

Doch auch aus Wertpapieren, die auf deutsche Währung lauten, lassen sich möglicherweise heute noch kräftige Erlöse erzielen. Eine amerikanische Rechtsanwaltskanzlei wandte sich Ende 1998 an den Dresdener Oberbürgermeister und bat um die Auszahlung von

Schuldverschreibungen der Elbestadt aus dem Jahre 1927. Seinerzeit hatte Dresden insgesamt 600000 Pfund Sterling aus einer Anleihe erzielen können, was dem damaligen Gegenwert von zwölf Millionen Reichsmark entsprach. Mit dem Geld erweiterte die Stadt ihre Wasser- und Elektrizitätswerke, baute die Straßenbahn aus und finanzierte den Bau eines Kaufhauses. Seit 1939 hat Dresden die Anleihe weder bedient noch, wie abgemacht, zurückgekauft, weshalb die Besitzer der Wertpapiere nun darauf dringen, die ausstehenden Papiere endlich abzulösen. Die Stadt würde dies, sollten die Anwälte mit ihrer nicht unberechtigten Forderung durchkommen, rund fünf Millionen Mark kosten.[26]

Wird hier ein Präzedenzfall geschaffen, droht Dresden alsbald die endgültige Pleite. Denn auf dem Markt befinden sich auch Dollar-Anleihen aus dem Jahre 1925, die die Stadt in Gold zurückzahlen muß. Die damalige Emission von rund 1,7 Millionen Dollar entspricht einem heutigen Wert von 1,7 Milliarden DM!

Auch Leipzig würde es hart treffen. Die Stadt an der Pleiße hat aus ihrer Gold-Dollar-Anleihe von 1926 noch Außenstände in Höhe von drei Millionen Dollar – heutiger Wert: drei Milliarden DM. Die Rückzahlung von weiteren zehn Milliarden DM drohen zudem dem Land Sachsen-Anhalt und den Rechtsnachfolgern der Leipziger Messegesellschaft, dem Landkraftwerk Leipzig und der Sächsischen Landespfandbriefanstalt, die ebenfalls alle Auslandsanleihen aufgenommen hatten.

Insgesamt wurden vor 1945 vom Deutschen Reich mehr als 200 Auslandsschuldverschreibungen emittiert. Ein Teil davon wurde im Rahmen des Londoner Schuldenabkommens von 1953 abgelöst; ein anderer Teil – durchweg Schuldverschreibungen von Emittenten aus dem Gebiet der alten Bundesrepublik – wurde regulär bedient oder später abgelöst.

Anders dagegen die Situation in der DDR. Dort hat man sich all die Jahre hindurch nicht um solche Ansprüche gekümmert, ging die herrschende Partei doch davon aus, daß der Sieg des Sozialismus unumkehrbar sei und man sich auf diese kapitalistischen Forderungen nicht mehr einlassen müsse. Ein Trugschluss, denn jetzt hängen gleich elf Auslandsanleihen, die von Emittenten auf dem Gebiet der ehemaligen DDR aufgelegt wurden, als Damoklesschwert über den am Rande des Bankrotts wandelnden Ost-Kommunen.

Das Problem dieser Wertpapiere war durchaus bekannt. Bis Mitte der neunziger Jahre wurden beispielsweise die Sterling-Papiere der Stadt Dresden sogar an der Londoner Börse gehandelt, immerhin zu rund 50 Prozent ihres Nennwertes. Daß jemals versucht werden könnte, die Ansprüche daraus einzuklagen, hielten Banken und Wertpapier-Experten noch bis vor kurzem für völlig abwegig. Immerhin befinden sich die Papiere im Streubesitz, das Prozeßrisiko für den einzelnen wäre damit viel zu groß. Daß sich jetzt eine anonyme Gruppe findet, die das Risiko in der Hoffnung auf eine große Gewinnmarge einzugehen wagt, läßt Spekulationen blühen: Ist es ein Zufall, daß offenbar eine große Zahl dieser Bonds in wenigen Händen konzentriert ist? Wollen womöglich gewiefte Händler, die in der Wendezeit gezielt die Altaktienbestände der DDR plünderten, jetzt Kasse machen?

Am 31. Mai 1995 lief eine sechsmonatige Antragsfrist zur Herausgabe der Wertpapiere durch das BaRoV aus. Zirka 4400 Antragsteller haben einen Anspruch angemeldet, bis Ende November 1999 waren davon erst

2 700 Verfahren erledigt. Nur 255 Anträge wurden positiv beschieden und 7 100 Wertpapiere an die rechtmäßigen Eigentümer oder deren Erben zurückgegeben.[27] Steigen dürfte diese Zahl wohl kaum, denn der Nachweis eines Eigentumsanspruchs ist schwierig. In der DDR hat man vorsorglich die Streifbänder von den Papieren entfernt, die Auskunft über den jeweiligen Besitzer oder die Herkunft, beispielsweise aus der »Arisierung« jüdischen Vermögens, geben könnten.

Die nach Abschluß der Antragsfrist ohne Anmeldung gebliebenen Bestände an kraftlosen Papieren sollen über ein Auktionshaus versteigert werden. Der Erlös wird dem Entschädigungsfonds zugute kommen, aus dem enteignete DDR-Bürger einen Ausgleich für ihre verlorenen Vermögenswerte erhalten. Bislang hat die Versteigerung aber noch nicht stattgefunden, angeblich, weil das Auswahlverfahren für das Auktionshaus vom Bundesfinanzministerium noch nicht abgeschlossen wurde. Der tatsächliche Hintergrund dürfte jedoch eher sein, daß die Altaktien-Schwemme aus den DDR-Kellern den noch jungen und sensiblen Handelsmarkt mit Nonvaleurs-Papieren zusammenbrechen lassen würde.

Was mit den werthaltigen Papieren aus den DDR-Archiven passieren soll, wird vom BaRoV und vom Bundesfinanzministerium bislang noch geheim gehalten. Erst wolle man sich ein Bild machen, ob es hier überhaupt nennenswerte Bestände gebe, heißt es abwiegelnd.

Munition gegen Abs

Das Archiv der Deutschen Bank

Am Abend des 21. Januar 1968 kamen der DDR-Historiker Eberhard Czichon und sein Kollege Dr. Hans Tammer erschöpft in ihr Kölner Hotel zurück. Den ganzen
Tag über hatten sie an der Uni bei einer Diskussionsver-
anstaltung auf dem Podium gesessen und mit Fachkolle-
gen und Studenten über die Rolle der Deutschen Bank
während des Krieges und danach gestritten. Czichon,
damals noch am Ost-Berliner Institut für Museumswe-
sen angestellt, galt als Spezialist für Bankengeschichte.
Im Westen hatte er sich vor allem mit zwei Artikeln in
der bundesdeutschen Zeitschrift »Blätter für deutsche
und internationale Politik« einen Namen gemacht. Unter Verweis auf Unterlagen aus dem Archiv der Deutschen Bank, von dem wesentliche Teile nach Kriegsende
im sowjetisch besetzten Teil Berlins verblieben waren,
hatte er darin an einem Denkmal des westdeutschen
Wirtschaftswunders gerüttelt: Hermann Josef Abs, unter den Nazis Vorstandsmitglied und nach dem Krieg
Vorstandschef der Deutschen Bank, Aufsichtsrat in diversen Konzernen und einflußreicher Berater der Bundesregierung. Czichon hatte in seinen Artikeln vor allem
Abs' Liaison mit den Nazis sowie dessen Anteil an der
»Arisierung« jüdischen Eigentums und an der Ausbeu-
tung von Zwangsarbeitern untersucht.

Im Hotel wurden Czichon und Tammer, der im Deutschen Institut für Wirtschaftsgeschichte in Ost-Berlin arbeitete, schon erwartet. Ein Historiker-Kollege aus Kassel, Dr. Hans-Eckardt Kannapin, bat die beiden Ostdeutschen noch auf ein Glas Wein in die Lobby. Es wurde ein sehr gemütlicher Abend mit dem West-Kollegen, erinnert sich Eberhard Czichon heute an jenen Tag vor 32 Jahren. Sie seien zu dritt durch die Kölner Altstadtkneipen gezogen, Kannapin habe munter geplaudert und man habe mächtig viel getrunken. »Wir waren ganz schön blau, haben uns aber prächtig verstanden.« Kannapin, der ebenfalls an der Veranstaltung in der Kölner Uni teilgenommen hatte, habe viel Lob für seine Ost-Kollegen gehabt, sagt Czichon. Es sei für ihn sehr interessant, auf welche Dokumente sie zurückgreifen könnten, habe er gesagt und dann mit seiner Neugier auch nicht länger hinter dem Berg gehalten: Wie groß seien diese Bestände eigentlich, fragte er Czichon und Tammer. Welche West-Politiker würden darin belastet? Gebe es auch noch Archive anderer Bankhäuser in der DDR? Und arbeite Czichon nicht an einem Buch über Abs? Habe er das Manuskript vielleicht dabei?[1]

In Czichons Reisebericht, den er für die Westabteilung des ZK abfassen mußte, klingt der feuchtfröhliche Abend in Köln allerdings viel dramatischer. Da ist davon die Rede, daß Kannapin die beiden DDR-Historiker nach freundlichem Beginn beschimpft und unter Druck gesetzt habe; sogar zu einer Verfolgungsjagd durchs nächtliche Köln sei es gekommen, wußte Czichon zu berichten.[2] »Ich hätte ja schlecht reinschreiben können, daß ich mit dem Klassenfeind Brüderschaft getrunken habe«, rechtfertigt er sich heute.[3] Immerhin galt der Kasseler Historiker Kannapin als ein Vertrauter von Hermann Josef Abs und hatte erst kurz zuvor das Buch »Wirtschaft unter Zwang« veröffentlicht, in dem er – entgegen der von Czichon vertretenen DDR-Sicht – darlegte, wie sehr die deutsche Industrie von den Nazis unterdrückt worden und in ihren Entscheidungen unfrei gewesen sei.

Den Abend in Köln einfach zu verschweigen, ging auch nicht. Hatte Kannapin den beiden DDR-Kollegen Czichon und Tammer doch recht unverblümt ein Angebot gemacht: Könnte man nicht ins Geschäft kommen und die Akten der Deutschen Bank erwerben, die sich im DDR-Besitz befänden, fragte er. Er sei auch bereit, Kopien oder Verfilmungen entgegenzunehmen, falls die DDR im Besitz der Originale bleiben wolle. Selbstverständlich würde er, Kannapin, für die Kosten der Verfilmung aufkommen.

Czichon und Tammer hätten Kannapins Angebot brüsk abgelehnt, heißt es in ihrem Reisebericht. Die Akten stünden nicht zum Verkauf, habe er, Czichon, seinem West-Kollegen klargemacht. »Ganz klar, daß Abs Kannapin vorgeschickt hatte, um über uns das Terrain zu sondieren«, schätzt Czichon heute ein. »Aber was sollte ich dazu sagen? Über solche Dinge entschieden ganz andere Ränge bei uns.«[4]

Die Stasi bekam erst gut zwei Monate später Wind von Kannapins unmoralischem Angebot. Dafür ging die Meldung auch gleich bis ganz nach oben. Die für Spionageabwehr zuständige Hauptabteilung II informierte am 8. April 1968 den »Genossen Minister« von Kannapins Versuch, über die beiden »Einsatzkader« Tammer und Czichon »im Auftrag von Abs (...) Akten der ehemaligen Deutschen Bank gegen Bezahlung zu beschaffen«. Diese Akten befänden sich zur Zeit im Keller des

Hermann Josef Abs, langjähriger Vorstandschef der Deutschen Bank und Verwaltungsratsvorsitzender der Kreditanstalt für Wiederaufbau – hier eine Aufnahme aus seinen späten Jahren – bemühte sich auf unterschiedlichen Kanälen um Einsicht in seine Akten aus der NS-Zeit, die 1945 in Ostberlin verblieben waren.

Deutschen Wirtschaftsinstituts (DWI) in Ost-Berlin, erfuhr Mielke aus dem Bericht. Man habe daraufhin der Hauptabteilung XVIII/4 empfohlen, »unverzüglich erforderliche Maßnahmen zur Absicherung des Aktenmaterials der ehemaligen Deutschen Bank einzuleiten«, berichtete Oberst Harnisch seinem Minister.[5]

Mielke, der von der Existenz der Bankakten bis dahin keine Ahnung hatte, wies umgehend die Sichtung und Auswertung der Bestände an. »Hätte sich Mielke damals persönlich in den Institutskeller begeben, wären wahrscheinlich Köpfe gerollt«, vermutet Eberhard Czichon. »Die Rote Armee hatte nach '45 die Akten aus den alten Bankgebäude geholt. Irgendwann später wurden sie in die DWI-Keller regelrecht gekippt.«[6]

Den Stasi-Offizieren, die sich zwei Tage nach Mielkes Anweisung die Aktenbestände im Institutskeller anschauten, bot sich ein chaotisches Bild. In den Kellerräumen lagen auf Regalen und dem Fußboden Berge von Ordnern, Schnellheftern und zusammengeschnürten Papierbündeln. Einige Bereiche waren gar nicht zu begehen. Einen Bestandsnachweis gab es nicht, die Regale waren unbeschriftet, manche Dokumente fingen schon an, zu vermodern.

Auf 25 bis 30 Tonnen schätzten die Stasi-Offiziere das Aktenmaterial, das in den vorangegangenen Jahren von verschiedenen Institutionen ins DWI geschafft worden war. Die Unterlagen seien für die Forschungsarbeit seines Instituts fast gar nicht benutzt worden, entschuldigte DWI-Chef Professor Maier die Zustände in den Kellerräumen. Aus diesem Grunde seien auch keine konkrete Sichtung und Archivierung des Materials erfolgt. Nur ab und zu habe man Zuarbeiten für die Abteilung von Albert Norden geleistet. Norden war im

SED-Zentralkomitee als Leiter der Westabteilung für den Propagandafeldzug gegen die Bundesrepublik zuständig.

Daß sich jetzt die Stasi für die Aktenbestände interessierte, begrüßte Maier. Eine Verlagerung müsse jedoch mit dem »Apparat Norden« abgestimmt werden, sagte der Institutsleiter. Gleichzeitig ließ er aber keinen Zweifel daran, daß er froh sei, das Zeug endlich los zu werden.

Eine erste grobe Sichtung der Aktenberge durch eine spezielle Arbeitsgruppe, die aus Mitarbeitern der Stasi-Hauptabteilungen IX und XVIII gebildet worden war, erbrachte folgendes Ergebnis: In den DWI-Kellern lagerten zirka 35 000 Originalakten deutscher Kreditinstitute aus der NS-Zeit, darunter allein 18 000 von der Dresdner und 12 000 von der Deutschen Bank. Die Bestände, die sich zum überwiegenden Teil in einem guten und auswertbaren Zustand befanden, umfaßten hauptsächlich den Zeitraum von 1920 bis 1945, einzelne Akten gingen sogar bis 1870 zurück. Sie beinhalteten Geschäftsberichte, diversen Schriftverkehr mit Filialen in den besetzten Ländern sowie Schriftwechsel mit einer Reihe von Industrieunternehmen. Als besonders wertvoll schätzte die Stasi-Kommission in ihrem Bericht an Minister Mielke die Unterlagen aus der Deutschen Bank ein: Dabei handele es sich um »ca. 500 Akten mit persönlichem Schriftwechsel, Sitzungsprotokollen sowie Berichten verschiedenster Art der Vorstandsmitglieder und Direktoren der Deutschen Bank. Von diesen 500 Akten beinhalten 41 Akten des persönlichen Schriftverkehr des Bankiers Abs.«[7]

Mielke beriet sich mit seinen Generälen, wie man mit dem unverhofften Aktenfund umgehen könne. Eine

So wie in diesem Keller lagerten in vielen Verwaltungsgebäuden der Ostberliner Innenstadt Dokumentenberge aus der Nazizeit, für die sich niemand interessierte.

Sichtung aller 35 000 Akten schien unmöglich. Mindestens 50 Mitarbeiter müßten dafür ein halbes Jahr abgestellt werden, rechnete die Hauptabteilung IX vor. Also entschied der Minister, Prioritäten zu setzen. Die Akten aus dem Vorstandsbereich der Deutschen Bank, insbesondere die Abs-Ordner, würden in die Dokumentenablage der Hauptabteilung IX/11 übernommen, befahl er. Der Rest solle ins Deutsche Zentralarchiv nach Potsdam geschafft und dort gesperrt abgelegt werden. Die Entscheidung, wer Einsicht in diese Bestände nehmen dürfe, behielt sich das MfS ausdrücklich vor. Nachdem das SED-Zentralkomitee Mielkes Befehl genehmigt hatte, wurden am 3. Dezember 1968 insgesamt 573 Akten aus dem Deutsche-Bank-Bestand abgezweigt und der Stasi übergeben.

Von besonders großem Interesse waren für das MfS die 41 Akten aus dem unmittelbaren Abs-Bereich. Der 1901 geborene Bankier war für das Mielke-Ministerium und den SED-Propaganda-Apparat schon seit den fünziger Jahren Staatsfeind Nr. 1 und Inbegriff des Monopolkapitalisten, der die »Bonner Ultras« an seinen Strippen tanzen läßt. SED-Propagandachef Albert Norden wetterte gegen den »Kriegsverbrecher, der Hitler und Adenauer finanzierte«[8], die Hallenser SED-Zeitung »Freiheit« forderte, Leute wie Abs »in Fesseln (zu) legen«[9], und das FDJ-Zentralorgan veröffentlichte einen Steckbrief des Bankiers und kündigte an: »Das Urteil über die Totengräber Deutschlands wird ein deutsches Volksgericht fällen!«[10]

In der Bundesrepublik galt Hermann Josef Abs dagegen zu Lebzeiten als der bedeutendste deutsche Bankier der Nachkriegsgeschichte, eine amerikanische Zeitschrift nannte ihn gar den »Richelieu des europäischen Bankengewerbes«. Die offenkundige Ehrfurcht vor seinen Verdiensten um den Wiederaufbau der Deutschen Bank nach dem Krieg und die deutsche Finanzpolitik sowie Abs' weitreichender politischer Einfluß hatten es im Westen bis zu seinem Tod im Jahre 1994 verhindert, die zwielichtige Rolle des Bankiers in der Nazizeit kritisch zu hinterfragen. Dabei gab es Anlässe zuhauf, sein historisches Erscheinungsbild differenzierter zu zeichnen: Abs gehörte dem Beirat der Reichsbank an, die monströse Geschäfte mit Raubgold und Zahngold ermordeter Juden betrieb; er saß in den Aufsichtsräten der I.G. Farben, die die Konzentrationslager mit dem Giftgas Zyklon B belieferte, und weiteren fast 50 Konzernen, die mit seiner Billigung auf brutalste Weise ausländische Zwangsarbeiter ausbeuteten; er war Vorstandsmitglied der Deutschen Bank, die von den Arisierungen in den besetzten Ostgebieten profitierte; und nicht zuletzt pflegte er erfolgreich den karrierefördernden Umgang mit den politisch Mächtigen im Hitler-Staat. So wurde er in 1954 aufgefundenen SS-Unterlagen als »persönlicher Finanzberater des Reichsführers (und) schroffer Gegner des amerikanischen Finanzkapitalismus« charakterisiert und war angeblich als Chef einer künftigen »Europa-Zentralbank« vorgesehen, die nach einem für Deutschland positiven Ende des Krieges geschaffen werden sollte.[11]

In einer vom US-Kriegsministerium herausgegebenen Broschüre aus dem März 1945 soll Abs auf einer Liste der »ökonomischen Kriegsverbrecher« gestanden haben, weil er »zu den führenden deutschen Finanziers, die sich unter dem Nationalsozialismus im Übermaß bereicherten«, gehöre.[12]

Für die USA war Abs einer der typischen Hitler-Finan-ziers und Kriegsgewinnler. Im sogenannten »OMGUS-Report on the Investigation of the Deutsche Bank« vom November 1946 empfahl die Finanzabteilung im Büro der US-Militärregierung für Deutschland daher, Abs und die anderen Vorstandsmitglieder der Deutschen Bank anzuklagen und als Kriegsverbrecher vor Gericht zu stellen. Die leitenden Mitarbeiter der Deutschen Bank sollten von der Übernahme wichtiger oder verant-wortlicher Positionen im deutschen wirtschaftlichen oder politischen Leben ausgeschlossen werden.[13]

Nach Kriegsende nahmen die Briten Abs fest. Doch sie blockierten dessen Auslieferung an die Amerikaner, die den Bankier vor das Nürnberger Kriegsverbrecher-Tribunal stellen wollten. London beabsichtigte viel-mehr, Abs für das neugeschaffene German Bankers Ad-visory Board gewinnen. Nach 90 Tagen Haft kam Abs wieder frei – ohne Prozeß.

1948 änderte sich auch Washingtons Haltung zu Abs. Mit Zustimmung der Amerikaner wurde der Bankier als »unbelastet« entnazifiziert.* Denn für einen von den USA finanzierten wirtschaftlichen Wiederaufbau der Bundesrepublik brauchte man Fachleute wie Abs, die

---

* Als Abs 1970 einen Prozeß gegen den DDR-Historiker Czichon anstrengte, bestätigte ihm der frühere Chef der US-Militärregie-rung für Deutschland, Lucius C. Clay, in einem Brief vom 19. April 1971, daß ihm niemals eine Empfehlung vorgelegt worden sei, Abs oder andere Vorstandsmitglieder der Deutschen Bank an-zuklagen. »Was Sie persönlich angeht«, schrieb Clay an Abs, »so erinnere ich mich nicht, jemals von einer Absicht, gegen Sie vor-zugehen, gehört zu haben; vielmehr weiß ich von Ihnen dadurch, daß das Vertrauen, das Sie in der Finanzwelt genossen, wieder und wieder zu der Empfehlung geführt hat, Ihnen ein Amt in der Re-gierung anzutragen.«

über vielfältige persönliche Beziehungen und intime Kenntnisse aus der NS-Zeit verfügten und bereit waren, die Wirtschafts- und Finanzpolitik Westdeutschlands im Sinne Washingtons zu gestalten.

Schon bald nach dem Krieg wurde Abs der erste Direktor der neugebildeten »Kreditanstalt für Wiederaufbau« (KfW), über die von den USA finanzierte Firmengründungsdarlehen an Privatunternehmer ausgereicht wurden. 1952 kam er wieder in den Vorstand der Deutschen Bank, deren Sprecher er 1957 wurde. In fast dreißig Großunternehmen saß er im Aufsichtsrat. Auch der Deutschen Atomkommission gehörte er an.

Im Auftrag Adenauers führte Abs von 1951 bis 1953 in London die Verhandlungen mit 38 Gläubigerstaaten über die Frage, welche Schulden die Bundesrepublik als Rechtsnachfolger des Deutschen Reichs übernehmen werde. Es gelang ihm, die Forderungen auf rund 14 Milliarden Mark zu halbieren und die Bundesrepublik damit kreditfähig zu machen – dem deutschen Wirtschaftswunder stand nun nichts mehr im Wege.

Mit diesem Erfolg hatte Abs wieder einen Grad an politischem Einfluß gewonnen, wie er ihn auch schon in der NS-Zeit besaß. Als Wirtschaftsberater der CDU-Bundesregierung und persönlicher Freund von Konrad Adenauer nährte er erfolgreich den »Mythos vom ubiquitären Machtmenschen Abs, der Deutschlands Konzerne aus der Limousine heraus steuerte und sonntags an Konrad Adenauers Rhöndorfer Kaffeetafel saß«, wie die *Zeit* schrieb.[14]

Bis Mitte der sechziger Jahre hatte sich Abs gegenüber dem Propagandageschrei der SED taub gestellt. Doch mit Beginn der Studentenrevolten 1966/67 und den bohrenden Fragen der jungen Leute nach dem Verhalten der Elterngeneration in der Zeit des Faschismus ließ sich diese »Vogel-Strauß-Taktik« nicht mehr beibehalten. Die bundesdeutsche Gesellschaft stand an der Schwelle ihrer ersten Nachkriegs-Krise. Die Generation der Täter mußte sich erstmals ihrer Vergangenheit stellen, nachdem es zwei Jahrzehnte lang erfolgreich gelungen war, das Thema Schuld und Verantwortung zu tabuisieren.

Abs' größtes Problem war dabei die Unsicherheit darüber, welche der Akten, die seine Bank im Ostsektor Deutschlands zurücklassen mußte, die Wirren des Kriegsendes überstanden hatten. Er konnte daher auch nicht einschätzen, ob diese Unterlagen für ihn und seine politischen Freunde eine Gefahr darstellten oder nicht.

Tatsächlich bargen die Akten, die 1968 in den Kellern des Ost-Berliner Wirtschaftsinstituts von der Stasi geborgen worden waren, einigen Sprengstoff. Sie waren geeignet, Abs und seine Vorstandskollegen von der Deutschen Bank – viele von ihnen hatten ihre Karriere nahtlos in der Bundesrepublik fortsetzen können – als gewissenlose Nazi-Helfer und gerissene Kriegsgewinnler zu demaskieren. Folgende Beispiele mögen dies verdeutlichen:

1. Im Dezember 1938 bot ein jüdischer Unternehmer aus Leipzig, dessen Firma unter Treuhänderschaft gestellt worden war, der Deutschen Bank an, das Inkasso seiner inländischen Geschäftsaußenstände – es handele sich um rund 300 Einzelposten – in Höhe von 300 000 Reichsmark (RM) zu übernehmen. Die ausländischen Forderungen seien schon von der Reichsbank beschlagnahmt worden. Die Rechtsabteilung der Bank stimmte dem Vorschlag zu und hielt in einem Vermerk fest: »Es liegt im Interesse der deut-

schen Wirtschaft, wenn die Einziehung der Außenstände durch ein deutsches Bankunternehmen und
nicht durch die bisherigen jüdischen Firmeninhaber
erfolgt. Mit Vergütung von 5 RM je Posten sind wir
einverstanden.«[15]

2. Berthold Rotholz, ein nach den USA emigrierter
Jude, beauftragte Anfang der vierziger Jahre die Deutsche Bank, seine dort lagernden Wertpapiere zu veräußern und den Gegenwert in die USA zu transferie-
ren. In einer internen Bankaufstellung wurden die
Aktien und Wertpapiere aus dem Rotholz-Depot aufgelistet, die zu dieser Zeit einen Kurswert von rund
450 000 RM hatten. In dieser Liste ist der Bestand
von Agfa-Aktien mit einem Nominalwert von 12 000
RM angegeben. Daneben findet sich die handschriftliche Notiz eines leitenden Bankmitarbeiters: »Eigenes Interesse am Erwerb«. In der Aufstellung über die
Rotholz-Wertpapiere, die die Bank kurz darauf für
das zuständige Reichsministerium anfertigte, fehlen
diese Aktien. Die restlichen Wertpapiere wurden
schließlich für 100 000 RM verwertet, der Erlös floß
Jahre später an Rotholz in den USA. Die Agfa-Aktien
hatte sich die Bank offenbar einverleibt.[16]

3. Am 28. Februar 1941 bat das Auswärtige Amt Abs
in einem Brief, Dr. Wolfgang Höfler vom Berliner
»Reichsinstitut für Geschichte des neuen Deutschlands« zu unterstützen. Höfler habe den Auftrag
erhalten, »eine eingehende Untersuchung über den
Einfluß des Judentums auf die Wirtschaft der Feind-
staaten durchzuführen. An dem Ergebnis dieser Untersuchung ist das Auswärtige Amt politisch erheblich
interessiert«, heißt es in dem Schreiben an Abs. Der
Bankvorstand wurde gebeten, Höfler »das rechte Bild

über die inneren Verhältnisse des englischen Bankwesens« zu vermitteln.

Wie dieses »rechte Bild« aussehen sollte, wurde eine Woche später klar, als Höflers Institut eine Liste mit 34 englischen Privatbanken an den Abs-Referenten Ulrich übermittelte. »Es besteht Interesse für den Umfang des Geschäfts dieser Firmen, die besonders gepflegten Arten des Bankgeschäfts, die vorhandenen jüdischen Einflüsse«, steht in dem Begleitschreiben zur Liste vom 7. März 1941.

Abs kam der Bitte, die »jüdischen Elemente« im englischen Bankwesen zu enttarnen, umgehend nach. Schon am 12. März empfing er Höfler und erstattete ihm einen detaillierten Bericht.[17]

Auch die Nachkriegskarriere von Abs und dessen enge persönliche Bindung an Bundeskanzler Konrad Adenauer erscheinen durch Akten, die sich in der DDR befanden, in einem neuen Licht. Konrad Adenauer, von September 1917 bis Anfang März 1933 Oberbürgermeister von Köln, hatte in dieser Zeit durch Fehlspekulationen mit Aktien einer US-Tochtergesellschaft der Vereinigten Glanzstoff-Fabriken (V.G.F.) erhebliche finanzielle Verluste erlitten. Die Wertpapiere hatte er mit einem Darlehen der Deutschen Bank erworben, die nun auf Rückzahlung der Schulden drängte.

Natürlich half der »Kölsche Klüngel« Adenauer aus der Klemme: Sein Freund, V.G.F.-Aufsichtsrat Blüthgen, stellte als Sicherheit für Adenauers Verpflichtungen Aktien seines Unternehmens im Nominalwert von einer Million Reichsmark leihweise ins Depot der Bank. Der Oberbürgermeister revanchierte sich dafür mit einer großzügigen Förderung des V.G.F.-Konzerns durch die

Rheinstadt. Wenn Adenauer seinen Bankkredit zurückgezahlt habe, so war es mit Blüthgen abgemacht, sollten die Aktien stillschweigend in seinen Besitz übergehen.

1933, nach seiner von den Nazis betriebenen Absetzung vom Oberbürgermeisteramt, bekam Adenauer plötzlich ein Schreiben der Deutschen Bank, in dem ihm verkündet wurde, daß er aus seinen finanziellen Verpflichtungen entlassen worden sei. Die Deutsche Bank hatte kurzerhand die von Blüthgen ins Depot gestellten V.G.F.-Aktien übernommen, ohne dies mit dem Kölner Politiker abzusprechen. Einen Skandal brauchte die Bank nicht zu fürchten – der korrumpierte Adenauer hatte kein Interesse, seinen dubiosen Aktiendeal an die große Glocke zu hängen. Der Aktienklau versetzte die Deutsche Bank zudem in die Lage, den unbequemen V.G.F.-Aufsichtsrat Blüthgen abzusetzen.

1937 wurde Abs in den Vorstand der Deutschen Bank berufen. Obgleich Chef der Auslandsabteilung, kümmerte er sich – das belegen die aus seinem Büro stammenden Akten – intensiv um die Geschäfte des V.G.F.-Konzerns. Und so hatte er es sowohl mit Blüthgen, der sich jahrelang seiner Entlassung widersetzte, als auch mit Adenauer zu tun, der ebenfalls nicht klein beigeben wollte. Mindestens zehn Jahre lang, so beweisen es die Akten, kämpfte der Kölner Politiker mit seinem Anwalt hinter den Kulissen um die Herausgabe der Wertpapiere. Der Bank warf er Betrug und Diebstahl vor. 1943 schaltete Adenauer sogar das Oberkommando der Wehrmacht ein: Hauptmann Schliebstein vom Reichsluftfahrtministerium forderte in einem Schreiben die Bank ultimativ auf, die V.G.F.-Aktien zurückzugeben. Aber die herausgehobene Stellung des Bankenvorstands Abs in der NS-Hierarchie wie auch Adenauers fehlender Rückhalt in der NSDAP – die Nazis unterstellten ihm »politische Unzuverlässigkeit« – ließen jegliche Interventionen ins Leere laufen.[18]

Um so mehr erstaunt die enge Freundschaft, die sich kurz nach dem Krieg zwischen Abs und Adenauer herausbildete. Dabei wäre es ein leichtes für den Kölner Politiker gewesen, den von den Amerikanern ohnehin als Kriegsgewinnler und Hitler-Vertrauten verdächtigten Abs zu belasten. Wie es dem Deutsche-Bank-Chef gelungen ist, seinen einstigen Gegner zu besänftigen, geben die bisher zugänglichen Akten der Bank allerdings nicht preis.

Im Frühjahr 1970 erschien im westdeutschen Verlag Pahl-Rugenstein das Buch »Der Bankier und die Macht« von Eberhard Czichon, nachdem bereits ein Jahr zuvor in der DDR sein Buch »Hermann Josef Abs – Porträt eines Kreuzritters des Kapitals« veröffentlicht worden war. Die Publikation im Pahl-Rugenstein-Verlag war inhaltlich weitgehend identisch mit der DDR-Ausgabe. In dem mehrere hundert Seiten starken Werk untersuchte der DDR-Historiker die Rolle der Deutschen Bank und ihres Vorstandsmitglieds Hermann Josef Abs während der Nazi-Herrschaft und in der Bundesrepublik. Czichon konnte für seine Arbeit auf eine Reihe der in der DDR befindlichen Bank-Dokumente zurückgreifen, darunter auch auf den von der Stasi kontrollierten Bestand.

Das Ergebnis war, nicht nur im Westen, umstritten. Einerseits hatte Czichon wie kein anderer Historiker vor ihm respektlos und ausführlich Abs' Wirken während der nationalsozialistischen Herrschaft in Deutschland untersucht und viele neue Fakten zutage gefördert und benannt. Aber seine Beurteilungen und Schlußfolgerungen waren ideologisch verbrämt und deutlich als von der SED-Propaganda vorgegeben zu erkennen. Lücken in seiner Argumentation überging Czichon kühn, fehlende Beweise ersetzte er durch agitatorischen Trommelwirbel.

Czichon selbst räumte 1995 »offensichtliche Fehldeutungen«, »voreilige Schlußfolgerungen« und »nicht genügend durchdachte Formulierungen« in seinem Buch von 1970 ein.[19] Das war ihm auch schon in Rezensionen nach Erscheinen seines Buches vorgeworfen worden. In der Bonner Wochenzeitung *Das Parlament* hieß es damals: »Die Entstellungen und Verdrehungen, die Erfindungen und Auslassungen, die primitiven Schreib- und groben Datierungsfehler, das mangelhafte Quellen- und Literaturverzeichnis beweisen, daß dieses Buch bestenfalls an der Grenze zwischen ideologischer Geschichtsschreibung und politischem Pamphlet unter Mißbrauch historischer Fakten steht.«[20]

Und auch die SED war nicht glücklich über das Machwerk ihres Genossen: »Oberflächliche Arbeitsweise und Leichtfertigkeit von Czichon bei der Abfassung« des Buches habe in »einigen wesentlichen Punkten zu offensichtlich falschen und unbewiesenen Behauptungen« geführt, schätzte die SED-Westabteilung ein.[21]

Am 12. August 1970 erhoben die Deutsche Bank und Hermann Josef Abs beim Stuttgarter Landgericht eine Klage auf Unterlassung und Schadenersatz gegen Czichon und seinen Verleger Manfred Pahl-Rugenstein. Die erste Klage betraf 15 Behauptungen Czichons, die nach Auffassung der Kläger unwahr und ehrverletzend seien und deshalb nicht wiederholt werden dürften. In einer zweiten Klage versuchten die Abs-Anwälte unter

Verweis auf 40 weitere Behauptungen Czichons, die Verbreitung des Buches wegen seiner »Unwissenschaftlichkeit« und seines Charakters als »politische Hetzschrift« gänzlich zu verbieten. Schließlich machten die Anwälte auch noch Schadenersatz geltend, weil einige Kunden der Deutschen Bank wegen der in dem Buch geschilderten Verflechtungen des Geldinstitutes mit den Nazis ihre Konten gekündigt hatten.

Die SED erklärte das Verfahren zur Chefsache. Der stellvertretende Leiter der ZK-Westabteilung, Günter Pötschke, der spätere Chef der DDR-Nachrichtenagentur ADN, nahm die Koordination der Verteidigung in die Hand. Eine Arbeitsgruppe wurde gebildet, die mit Wissenschaftlern verschiedener DDR-Institutionen, einem Vertreter der Generalstaatsanwaltschaft und zwei Mitarbeitern der Untersuchungsabteilung IX des MfS besetzt war. Sie sollte die Anwälte im anstehenden Prozeß fachlich beraten. Neben dem Ost-Berliner Anwalt Friedrich Karl Kaul wurden die beiden Stuttgarter Rechtsanwälte Werner Korn und Karl Pfannenschwarz vom ZK mandatiert. Pfannenschwarz, der nach dem KPD-Verbot in den 50er Jahren in die DDR gewechselt war, hatte sich erst kurz zuvor im SED-Auftrag in der baden-württembergischen Landeshauptstadt angesiedelt.[*]

In der SED-Führung machte man sich allerdings keine Illusionen über die Chancen, den Prozeß gegen Abs und die Deutsche Bank zu gewinnen. Aber wie sollte man

---

[*] Bis zum Herbst 1989 war Pfannenschwarz unter anderem als Syndikus für Schalcks KoKo-Imperium in der Bundesrepublik aktiv und stand im Auftrag der SED zeitweilig in Kontakt mit den inhaftierten RAF-Terroristen in Stuttgart-Stammheim.

vorgehen? Über die Prozeßstrategie habe es heftige Auseinandersetzungen gegeben, erinnert sich Czichon. Da seien zum einen die Wissenschaftler aus der Arbeitsgruppe gewesen, die wie er dafür plädierten, die offensichtlichen Fehler und Fehldeutungen im Buch zuzugeben, um damit die überwiegende Zahl von zutreffenden Tatsachen und Schlußfolgerungen nicht zu entwerten. »Aber das kam für die Leute vom ZK absolut nicht in Frage«, sagt Czichon.[22]

Doch auch im ZK selbst war man sich nicht einig über die richtige Vorgehensweise. In der »Arbeitsgruppe Spangenberg«, die dem ZK-Sekretär Hermann Matern unterstand und für die ideologische wie strategische Anleitung der DKP zuständig war, sprach man sich für eine offensive Auseinandersetzung vor Gericht aus. »Wir greifen die Deutsche Bank an, das hatte Matern als Devise ausgegeben«, sagt Czichon. Eine Devise, die auch nach dem Geschmack Mielkes war, der sich vom Czichon-Prozeß ein Gefecht mit dem »Klassenfeind« Abs erhoffte.

Die offiziellen ZK-Westabteilung hingegen, die Materns Gegenspieler Albert Norden zugeordnet war, mahnte eine defensive Strategie an. »Norden warnte davor, den Sowjets dazwischenzufunken, die gerade ihre Wirtschafts- und Kreditverhandlungen mit der Bundesrepublik begonnen hatten«, erinnert sich Czichon. In dieser Situation würde ein Frontalangriff gegen die einflußreiche Deutsche Bank möglicherweise sowjetische Interessen bedrohen, habe Norden argumentiert. Da der Streit um das weitere Vorgehen nicht so leicht beigelegt werden konnte, schlug man im ZK zunächst einen Mittelweg ein, der für die Zukunft alle Optionen offen ließ. Pötschke, stellvertretender Leiter von Nordens Westabteilung, ließ die Arbeitsgruppe jene Deutsche Bank-Akten aus dem Stasi-Archiv auswerten, die auch Czichon für seine Arbeit zur Verfügung gestanden hatten. Im Ergebnis dieser Auswertung erarbeitete Anwalt Kaul die erste Erwiderungsschrift auf die Abs-Klage und reichte sie Mitte November 1970 beim Stuttgarter Landgericht ein.

Daneben wies Pötschke das MfS an, in den vorhandenen Bankakten nach Beweisen für eine Beteiligung von Abs und dessen Nachfolger als Bank-Sprecher, Ulrich, an Kriegsverbrechen oder Verbrechen gegen die Menschlichkeit zu suchen. So sollten die Stasi-Experten die Akten auf Hinweise für die persönliche Beteiligung von Abs an der »Arisierung« jüdischer Unternehmen und die Verbindungen des Bankiers zu Reichssicherheitshauptamt, Gestapo, Sicherheitsdienst und Oberkommando der Wehrmacht durchforsten. Auch sollten vorhandene Kreditunterlagen aus Bankfilialen wie der in Kattowitz, mit denen sich eine Finanzierung der Konzentrationslager durch die Deutsche Bank nachweisen ließe, analysiert werden.*

Schließlich wollte man noch Unterlagen vorweisen können, die Abs' und Ulrichs Kenntnis vom Zwangsarbeiter-Einsatz belegten. Zudem sollte die Stasi die An-

---

* Im Februar 1999 wurde bekannt, daß die Kattowitzer Filiale der Deutschen Bank an 20 Unternehmen Kredite ausgereicht hatte, die auf der Großbaustelle des I.G. Farben-Werkes in Auschwitz und für die Waffen-SS in Auschwitz tätig waren. Da die Kredite durch Forderungsabtretungen der Firmen an die Bank abgesichert waren, ist das Kreditinstitut über die Auftragslage der einzelnen Bauunternehmen genau informiert gewesen. Wie der Leiter des Historischen Instituts der Deutschen Bank, Pohl, mitteilte, sei man erst 1998 auf die brisanten Unterlagen gestoßen, als man Kreditunterlagen der schlesischen Filialen auswertete.

wälte der Gegenseite und die Richter auf mögliche NS-Verstrickungen in ihrer Vergangenheit überprüfen, um Stoff für Befangenheitsanträge und publizistische Angriffe gegen die »Klassenjustiz« in der Hinterhand zu haben.

Das MfS wurde fündig. So stieß man in den Akten auf einen von Abs und Ulrich paraphierter Bericht aus dem Herbst 1944, wonach in den Leipziger Pittler-Werken, in deren Aufsichtsrat Abs saß, »minderleistungsfähige Arbeitskräfte abzustoßen (sind), z.B. russische Offiziere«. Ein Jahr zuvor hatte das Speer-Ministerium die Weisung erlassen, daß Betriebe arbeitsunwillige Ausländer an die Gestapo überstellen oder direkt in Konzentrationslager einweisen sollen. Diese Rundschreiben Speers hatten nachweislich auch den Deutsche Bank-Vorstand erreicht.

»Bewiesen ist noch nicht, wer infolge derartiger Maßnahmen wann und wo umgekommen ist«, meldete die Hauptabteilung IX/11 im November 1970 ihrem Minister. Es seien aber alle Maßnahmen eingeleitet, um diese Beweislücken zu schließen. Insbesondere werte man gegenwärtig die vorhandenen Archivunterlagen in den Nachfolgebetrieben der Pittler-Werke in Leipzig und Rochlitz aus. Bis zum Beginn der mündlicher Verhandlung im Czichon-Prozeß Mitte Januar 1971, versprachen die Genossen der IX/11, wolle man ein positives Ergebnis vorlegen, um mit der Klageerhebung vor einem westdeutschen Gericht eine »öffentlichkeitswirksame Maßnahme« durchzuführen und eine Gegenoffensive zu starten.

Bis Anfang Januar 1971 hatte die Stasi tatsächlich Beweise gefunden, wonach 1944 und 1945 in den Pittler-Werken 88 KZ-Häftlinge ums Leben gekommen und

26 als Zwangsarbeiter eingesetzte Kriegsgefangene als »Arbeitsunwillige« in das KZ Buchenwald eingeliefert worden waren, von denen einige ums Leben kamen. Nach Einschätzung der Stasi-Untersuchungsabteilung reichte das gefundene Material aus, um es der westdeutschen Justiz mit der Aufforderung zu übergeben, gegen Abs ein Ermittlungsverfahren einzuleiten. Der Vorwurf gegen den Bankier sollte Beteiligung an Verbrechen gegen die Menschlichkeit und an Kriegsverbrechen lauten.

Am 24. Januar 1971 starb Hermann Matern. Damit hatte sich auch der Streit um das weitere Vorgehen im Czichon-Prozeß entschieden. Die »Arbeitsgruppe Spangenberg« wurde aufgelöst und in die konkurrierende ZK-Westabteilung unter der Leitung von Albert Norden integriert.

Am 22. Februar 1971 fand eine Beratung im ZK statt, zu der auch die beiden zuständigen Stasi-Mitarbeiter der Hauptabteilung IX geladen waren. SED-Funktionär Pötschke verdonnerte die Teilnehmer der kleinen Runde zunächst zu absoluter Geheimhaltung und gab dann die neue Parteilinie bekannt: Der Partei gehe es vor allem darum, den westdeutschen Verlag Pahl-Rugenstein vor »jeglicher Schädigung« zu bewahren. Der Verlag sei, so Pötschke, »der einzige große Verlag in Westdeutschland, der nach außen einen liberalen Charakter hat, nicht als kommunistischer Verlag abgestempelt ist und ›den wir fest an der Strippe haben‹«. Der Aufbau des Unternehmens habe die Partei »außerordentliche Mühen gekostet«, und es sei für SED und DKP sehr »schädlich, wenn der Verlag im Ergebnis der von Abs erhobenen Schadenersatzforderungen eingehen würde«.[23]

Tatsächlich hätte ein Konkurs des Pahl-Rugenstein-Verlages auch die HV A getroffen, druckte das Unternehmen doch in »treuer Pflichterfüllung«[24] DDR-Manuskripte, die es unter anderem von der HVA-Abteilung X – zuständig für Desinformation – erhalten hatte. Finanziell über Wasser gehalten worden sei der Verlag durch DDR-Außenhandelsbetriebe, insbesondere die »Interwerbung«, wie sich der HVA-Offizier Günter Bohnsack erinnert. Die deutsch-deutsche Verbindung sei so eng gewesen, meint Bohnsack, daß »informierte Kreise in Anspielung auf den Kölner Chef Paul Neuhöffer (...) vom ›Paul-Rubelschein-Verlag‹« sprachen.[25]

Die SED beabsichtigte jedenfalls, den von Abs und der Deutschen Bank angestrengten Zivilprozeß in aller Ruhe und – auch wegen der hohen Prozeßkosten – »nicht auf größter Flamme« zu betreiben, wie sich der SED-Funktionär Pötschke ausdrückte. Das Günstigste sei, »wenn wir möglichst schnell und ohne negative Folgen für die DDR und den Verlag aus dem Zivilverfahren herauskommen würden«.[26]

Wie das bewerkstelligt werden könnte, darüber hatte sich die SED-Führung auch schon Gedanken gemacht. Zwei Varianten kämen in Frage, wie Pötschke sagte:

1. Das Urteil in erster Instanz sieht keine Schadenersatzforderung gegen den Verlag vor. Dann wird es in bezug auf Pahl-Rugenstein anerkannt. Bei der »nicht zu umgehenden Verurteilung von Czichon« (Pötschke) werde die DDR hingegen Berufung einlegen und deren zu erwartende Ablehnung publizistisch als Ausdruck der Parteinahme der westdeutschen Justiz für Abs und die Deutsche Bank anprangern.

2. Die Gegenseite versucht, eine hohe Schadenersatzforderung gegen den Verlag durchzusetzen. Statt eine

Gegenklage gegen Abs anzustrengen stehe in diesem Fall »für die Parteiführung die Überlegung an erster Stelle, ob und in welcher Form das vom MfS erarbeitete Beweismaterial gegenüber Abs und der Deutschen Bank als Erpressungsmaterial benutzt werden kann, um Abs dazu zu veranlassen, ein weiteres Vorgehen gegen den Verlag (aber nicht etwa gegen den Autor! – d. A.) zu unterlassen«.[27]

Bei der »Erpressungsvariante« sei geplant, daß Pahl-Rugenstein selbst oder der DDR-Verteidiger Kaul den Anwälten von Abs vertraulich mitteile, daß die DDR über belastendes Material verfüge, aus dem Verwicklungen des Bankiers in Kriegsverbrechen hervorgingen. Sollte die Erpressung keinen Erfolg haben, könne das Material »in das Operationsgebiet lanciert und dort zur Durchführung einer groß angelegten publizistischen Aktion gegen Abs genutzt werden«.[28]

Die Vorstellungen der SED-Führung trafen bei der Stasi auf wenig Gegenliebe. Da hatte man mit viel Aufwand Beweise zusammengetragen, und dann sollte das Material nur für einen fragwürdigen Deal mit dem Klassenfeind eingesetzt werden, maulten die Tschekisten.

Um die Verärgerung zu dämpfen, wandte sich Politbüro-Mitglied Albert Norden am 17. März 1971 mit einem persönlichen Brief an Mielke. Darin übermittelte er dem Stasi-Minister zunächst seinen Dank für das beschaffte Material, um gleich mit dem nächsten Satz eine ebenso treffende wie – für einen SED-Spitzenfunktionär – bemerkenswerte Einschätzung des DDR-«Rechtsstaates« zu treffen: »Leider findet ja der Prozeß nicht vor unserem Gericht statt, sondern in der BRD, wo man mit handfestem und bis ins letzte beweiskräftigem Material kommen muß.«

Norden verwies auf zwei eingeholte juristische Gutachten über das Beweismaterial der Stasi. Beide Gutachter seien zu dem Schluß gekommen, daß die Unterlagen nicht ausreichten, um ein Strafverfahren in Westdeutschland einzuleiten. Vielmehr bestehe die Gefahr, daß eine Anzeige bei der vorhandenen Beweislage »zu einer schnellen und vollständigen Rehabilitierung von Abs und damit zu einer Verschlechterung der Situation im Zivilverfahren führen könnte«.[29]

Der Stasi-Minister reagierte auf die unterschwellige Kritik Nordens vergnatzt. Das von seinen Leuten beschaffte Material reiche sehr wohl aus, um ein Ermittlungsverfahren gegen Abs einzuleiten, antwortete er eine Woche später dem SED-Politbüro-Mitglied. Auch wenn dieses Verfahren, was zu erwarten sei, nach kurzer Zeit von der »westdeutschen Klassenjustiz« eingestellt werde, könnte man den Vorgang sehr wirksam gegen Abs verwenden und den Verlag sowie Czichon im Zivilprozeß entlasten, beharrte Mielke.[30]

Mielkes Halsstarrigkeit ließ die SED-Führung unbeeindruckt. Kampfziel der Partei war es, »ihren« Verlag zu retten. Und dafür schreckte die SED auch nicht davor zurück, die Reputation einer DDR-Wissenschaftlerin vor Gericht zu opfern.

Die Idee hatte im August 1971 Anwalt Kaul entwickelt: Dem Gericht sollte als Beweismittel ein Gutachten der stellvertretenden Direktorin im Institut für Wirtschaftsgeschichte der Akademie der Wissenschaften, Dr. Lotte Zumpe, präsentiert werden. Die Wissenschaftlerin, bis dato mit Veröffentlichungen zum »Quedlinburger Dom als Kultstätte der SS« und zur »Lage der Frau in der DDR« in Erscheinung getreten, hatte 1969 das Abs-Buch Czichons begutachtet, das im gleichen

Professor Friedrich Karl Kaul (links) war einer der wenigen DDR-Rechtsanwälte, der auch eine Zulassung für Rechtsverfahren in der Bundesrepublik hatte. Er trat als Nebenkläger in vielen Prozessen gegen NS-Gewaltverbrecher auf und verteidigte 1972 auch den Abs-Kritiker Eberhard Czichon.

Jahr im Ost-Berliner Union-Verlag erschienen und mit dem 1970 verlegten Produkt des Pahl-Rugenstein-Verlages weitestgehend identisch war. Zwar hatte der Pahl-Rugenstein-Verlag dieses Gutachten vorher kaum beachtet, aber das könne man laut Kaul ja vor Gericht anders darstellen. Damit könne der Verlag nachweisen, daß er weder vorsätzlich noch grob fahrlässig bei der Herausgabe des Buches gehandelt habe, was sich »äußerst positiv auf die Höhe der Schadensersatzforderung auswirken würde«, argumentierte Kaul. Allerdings, so gab der Anwalt zu bedenken, werde die Gutachterin damit im kapitalistischen Ausland unmöglich gemacht, weil ihre Studie die offenkundigen Fehler Czichons übersehen habe.[31]

Das aber nahm die Partei in Kauf. Die Stasi wurde angewiesen, Informationen über Frau Dr. Zumpe einzuholen: »Zuverlässigkeitsgrad; was hat sie bisher veröffentlicht; was hat sie lektoriert, was in WD/WB schon bekannt ist; welche Persönlichkeit stellt sie dar?«[32]

Doch die Wissenschaftlerin wurde in dem Zivilverfahren nicht als Zeugin vernommen; das Gericht hatte den Beweisantrag von Anwalt Kaul abgelehnt. Der Prozeß ging schließlich mit einer klaren Niederlage für die DDR-Seite zu Ende.

Nachdem das Landgericht Stuttgart bereits am 24. Februar 1972 in einem Teil-Urteil der Unterlassungsklage Abs' und der Deutschen Bank in 29 von 40 beantragten Fällen stattgegeben hatte, sprachen die Richter vier Monate später den Klägern auch noch Schadenersatz zu. Czichon und der Kölner Verlag Pahl-Rugenstein wurden zu einer Gesamtzahlung von 20 000 Mark verurteilt. Außerdem wurde den Klägern das Recht zugesprochen, das inkriminierte Buch in der Öffentlichkeit als

»eine politische Tendenzschrift, die keinen Anspruch auf Wissenschaftlichkeit besitzt«, zu bezeichnen.[33]

Mit diesem Urteil geht die Deutsche Bank noch heute hausieren. Auf eine Anfrage des Autors nach den Hintergründen der »Arisierung« des jüdischen Bankhauses Mendelssohn & Co. übersandte das Historische Institut der Deutschen Bank im Jahre 1997 ungefragt das Stuttgarter Czichon-Urteil »zur weiteren Information«. Czichon war 1972 unter anderem untersagt worden, weiter zu behaupten, die Mendelssohn-Bank sei von Abs »arisiert« worden.*

Mit Professor Dr. Manfred Pohl leitet heute einer der engsten Vertrauten der Familie Abs und Nachlaßverwalter des 1994 gestorbenen Bankiers das Historische Institut der Bank. Pohl verdankt seinen Aufstieg zum Abs-Vertrauten übrigens auch dem Czichon-Prozeß. 1962 hatte er bei der saarländischen Kreditbank seine Banklehre begonnen. Damals entdeckte Pohl seine Leidenschaft für Bankenhistorie, weshalb er auch zur saarländischen Bankengeschichte promovierte. 1972 beobachtete er den Czichon-Prozeß und erfuhr, daß die Abs-Anwälte händeringend ein entlastendes Rundschreiben des Bankenvorstandes von 1938 suchten, in dem den Filialen Anweisungen zur »Arisierung« übermittelt wurden. Pohl suchte auf eigene Faust in alten

* Der Bankenhistoriker Christopher Kopper, Sohn des von 1989 bis 1997 amtierenden Deutsche-Bank-Sprechers Hilmar Kopper, kam in seiner Arbeit »Zwischen Marktwirtschaft und Dirigismus. Bankenpolitik im Dritten Reich« im Jahre 1995 zu dem bemerkenswerten Schluß, bei der Übernahme der Mendelssohn-Bank durch die Deutsche Bank habe es sich um eine »freundschaftliche Arisierung« gehandelt.

Archiven und fand das Papier, was von dem dankbaren Abs mit dem Angebot honoriert wurde, im Historischen Archiv der Deutschen Bank eine »Zentrale Informations- und Dokumentationsabteilung« aufzubauen.

Pohl griff zu und machte Karriere. Er wurde ein enger Vertrauter von Abs. Bis 1980 begleitete er den Bankier auf seinen Dienstreisen, trug seinen Koffer, systematisierte Abs' Notizen und ordnete dessen Papiere. So eng wie kaum ein anderer war der Historiker Pohl in diesen Jahren in der Nähe von einem der mächtigsten Männer der Bundesrepublik. Eine Nähe, die Pohl nicht abschütteln konnte, als er 1988 seine Biographie über Hermann Josef Abs verfaßte.

Heute distanziert sich der Historiker von diesem Buch. Zu unkritisch sei seine Darstellung damals gewesen, zu unausgewogen, zu unvollständig, was Abs' Rolle im Dritten Reich anbelangt. Es sei jetzt Zeit für eine neue Sicht auf Abs, verkündet Pohl. Eine Sicht, die bei ihm auch mit dem schmerzlichen Verlust eines Bildes verbunden sei, das er sich jahrzehntelang von dem Bankier gemacht hatte und das er für das richtige gehalten habe, wie er sagt.[34]

Den Blick hätten ihm auch die Akten geöffnet, die in der DDR lagen und die ihm früher nicht zugänglich gewesen seien. Es sei gut, so Pohl, daß diese Akten nun allen interessierten Personen offenstünden.

Daß dies erst seit wenigen Jahren möglich ist, lag zunächst an Stasi und SED. Honecker und Mielke hatten sich darauf verständigt, die im MfS-Archiv lagernden Aktenbestände der Deutschen Bank weiter unter Verschluß zu halten. Selbst wiederholte Anträge der dem DDR-Innenministerium angegliederten Staatlichen Archivverwaltung, die rund 570 Akten aus dem

MfS-Bestand in das Potsdamer Staatsarchiv zu überstellen, wurden bis zuletzt abgeblockt. Bei einer Beratung in der Stasi-Hauptabteilung IX/11, die die Bank-Akten verwaltete, wurde im Januar 1988 noch einmal klargestellt, »daß die bei der Hauptabteilung IX/11 vorhandenen Deutsche-Bank-Akten nicht zur Disposition stehen«.[35]

Der Grund dafür dürfte nicht allein der verlorene Czichon-Prozeß gewesen sein; mit Honeckers Machtergreifung 1971 und dem Tauwetter in den deutsch-deutschen Beziehungen Anfang der siebziger Jahre begann die wirtschaftliche Kooperation zwischen der Bundesrepublik und der DDR zu gedeihen. Die DDR, als überwiegend nehmender Part in der Beziehung, hatte nun kein Interesse mehr daran, die mächtige und einflußreiche Deutsche Bank durch Propaganda-Feldzüge wie in den fünfziger und sechziger Jahren zu verprellen. Es ging ums Geschäft und für die DDR zunehmend ums wirtschaftliche Überleben – da schloß man die Wahrheit besser in den Archivkeller ein. Denn Materialien wie die Akten der Deutschen (und auch der Dresdner) Bank, in denen möglicherweise führende Persönlichkeiten aus der bundesdeutschen Politik und Wirtschaft verewigt sein konnten, waren wirksamere Druckmittel als jegliche propagandistische Kraftmeiereien in Bonn und Ost-Berlin.

Das Wegschließen der Akten hatte aber auch noch einen anderen, sehr materiellen Grund. Deutlich wird das an der Reaktion des MfS, als die Deutsche Bank im Jahre 1987 ganz offiziell die Einsicht in ihre in der DDR lagernden Aktenbestände beantragte. Im April 1987 hatte das Historische Institut der Bank an das DDR-Innenministerium einen entsprechenden Antrag gerichtet.

Begründet war dieser mit einem »wissenschaftlichen Projekt«, bei dem Historiker das »Engagement deutscher Banken bei der Vermittlung und Finanzierung von Handelsgeschäften mit der Sowjetunion von 1850 bis in die Gegenwart« erforschen wollten.[36]

Während das Potsdamer Staatsarchiv keine grundsätzlichen Einwände gegen den Antrag der Deutschen Bank erhob, warnte die Stasi vor möglichen weitreichenden Folgen. Major Skiba, stellvertretender Leiter der Hauptabteilung IX/11, riet von einer umfassenden Akteneinsicht ab: Es könnte sein, daß danach »von der Deutschen Bank AG noch festgestellte Forderungen gegenüber der DDR oder der UdSSR geltend gemacht werden«, warnte er. Gleichwohl spekulierte Major Skiba auf ein mögliches Geschäft: »Es sollten deshalb vor Genehmigung des Antrages Spezialisten des Bank- und Finanzwesens der DDR die Akten bearbeiten und in Abstimmung mit der Staatlichen Archivverwaltung der DDR und dem MfS Vorschläge über die Verwertung des Aktenbestandes (Verkauf o. ä.) unterbreiten.«[37]

Auch das dem Ministerrat angegliederte »Amt für Rechtsschutz des Vermögens der DDR« sprach sich gegen eine umfassende Akteneinsicht der von der Deutschen Bank entsandten Historiker aus. Stattdessen empfahl man, nur »bereits benutzte Bestände, allgemeines Schriftgut, Zeitschriftenartikel usw.« der Bank zur Einsicht vorzulegen.[38]

So wurde dann auch verfahren: Ein Entscheidungsvorschlag des DDR-Innenministeriums zum Antrag der Deutschen Bank im Juli 1987 sah vor, lediglich allgemein zugängliche und von Ost- und Westhistorikern bereits ausgewertete Materialien bereitzustellen. Ausdrücklich nicht vorgelegt werden sollten den Historikern von der Bank demnach Bestände aus dem Generalsekretariat der Deutschen Bank, aus der Reichsbank, der Dresdner Bank, der Reichskreditgesellschaft und der Berliner Handelsgesellschaft. Diese Bestände fielen unter »benutzungseinschränkende Regelungen« und durften bis auf wenige Ausnahmen auch von DDR-Historikern nicht ausgewertet werden, hieß es zur Begründung in dem Papier.[39]

Mehr Glück mit seinem Antrag schien zwei Jahre später dem Historiker Christopher Kopper beschieden. Am 6. Februar 1989 bat er das DDR-Innenministerium für seine Dissertation zum Thema »Staat und Banken im Nationalsozialismus« um Einsicht in die Akten des Reichswirtschaftsministeriums, der Reichsbank und des Sekretariats der Deutschen Bank. Nach monatelangen Prüfungen erhoben weder die Staatliche Archivverwaltung noch das Institut für Wirtschaftsgeschichte an der Akademie der Wissenschaften dagegen Einspruch.

Selbst das »Amt für Rechtsschutz des Vermögens der DDR« hatte keine grundlegenden Einwände mehr. Allerdings, so rieten die Juristen, sollte die Einsicht auf den Zeitraum 1930 bis 1939 begrenzt bleiben. Und ganz wichtig: »Hinsichtlich der Fragestellung in bezug auf ehemals deutsche Unternehmen, die den Eigentümern bzw. Inhabern aus rassischen Gründen während der Zeit des Faschismus entzogen wurden, bitten wir aus grundsätzlichen vermögensrechtlichen Interessen vor einer Einsichtnahme in mögliche Archivunterlagen in jedem Einzelfall um Abstimmung und Verständigung.«[40] Ein entlarvender Satz – zeigt er doch, daß sich die DDR mit allen Mitteln um ihre Mitverantwortung für Opfer der so genannten »Arisierung« jüdischer Unternehmen herumzudrücken suchte.

Die endgültige Zustimmung für Koppers Antrag auf Akteneinsicht erfolgte nicht mehr. Sie sollte laut einer Notiz in den Stasi-Unterlagen »von (einer) Zentralen Entscheidung abhängig« gemacht werden.[41] Der »Zentralen Entscheidung« aber kam die politische Wende in der DDR zuvor.

Schon unmittelbar nach dem Mauerfall 1989 verstärkte die Deutsche Bank ihre Bemühungen, die in der DDR lagernden Akten aus der NS-Zeit zu übernehmen. Es verging kein Gespräch von Bank-Vertretern mit Beauftragten der DDR-Regierung, in denen neben der Frage kurzfristiger Kredite und finanzieller Engagements im Osten nicht auch die alten Bankakten angesprochen wurden. Schließlich kam in der Zeit der de-Maiziere-Regierung eine Abmachung zustande, wonach die Original-Akten – darunter auch die in den Stasi-Archiven lagernden Dokumente – der Deutschen Bank in Frankfurt/Main zu übergeben seien. Welche Gegenleistung dafür erbracht worden ist, darüber schweigen sich alle Beteiligten aus. Statt dessen wird darauf verwiesen, daß alle Unterlagen vor ihrem Abtransport noch im Potsdamer DDR-Staatsarchiv auf Rechnung der Bank verfilmt wurden, um einen späteren Zugang von Wissenschaftlern zu dem Material zu gewährleisten.

Nach mehr als zwei Jahrzehnten hatte sich damit der Wunsch von Abs, mit dem er 1968 seinen Vertrauten Dr. Hans-Eckardt Kannapin in einem Kölner Hotel zu den DDR-Historikern Eberhard Czichon und Hans Tammer geschickt hatte, erfüllt.

Mit dem freien Zugang zu den verfilmten Bank-Dokumenten hakte es allerdings noch eine Weile. So blieb ein Teil des Aktenbestandes im Bundesarchiv noch einige Jahre für den öffentlichen Zugang gesperrt. Dabei handelte es sich unter anderem um die mehr als 40 Ordner mit privaten Notizen, Schriftverkehr und Protokollen aus dem Bereich Abs. Erst Jahre nach dem Tod des Bankiers 1994 wurde das Material klammheimlich freigegeben.*

* In dem entsprechenden Findhilfsmittelband im Bundesarchiv ist der Bestand Abs wie auch der Aktenbestand seines persönlichen Sekretärs und späteren Nachfolgers als Bank-Chef, Ulrich, noch heute als gesperrt vermerkt. Erst eine Nachfrage ergab, daß das Material inzwischen freigegeben worden ist.

Waffenhändler mit dubiosen Versprechungen

Die Suche nach dem Göring-Schatz

Es war Freitag, der 14. November 1980, abends um halb sechs. Der Ost-Berliner Rechtsanwalt Friedrich Karl Kaul bereitete sich in seiner Kanzlei in Berlin-Prenzlauer Berg auf den nächsten Sitzungstag im Düsseldorfer Majdanek-Prozess vor, in dem er als Nebenkläger auftrat. Plötzlich klingelte das Telefon. Ein Mann mit rheinischem Akzent, der sich »Weber« nannte und aus der Bundesrepublik anrief, empfahl dem verdutzten Kaul, das folgende Gespräch auf Tonband aufzunehmen: »Webers« Vater sei dabeigewesen, als kurz vor Kriegsende mehrere Kisten mit Kostbarkeiten aus dem Kunstbesitz von Hitlers Reichsmarschall Göring auf dem Gebiet der heutigen DDR vergraben wurden. Dabei handelt es sich um die Meißner Porzellansammlung Görings und andere antike Stücke, die heute einen Wert von mehreren Millionen DM besitzen. Er, »Weber«, habe die genauen Pläne des Ortes, an dem die Schätze vergraben seien, und biete sie der DDR-Regierung gegen eine entsprechende Belohnung an.

Kaul, Vertrauensanwalt der SED-Führung, witterte ein gutes Geschäft für die stets devisenklamme DDR. Da die Schatzsuche von Kommunisten nach den verborgenen Reichtümern der Nazis aber eine politisch heikle Angelegenheit war und auch die Möglichkeit bestand, daß hinter dem ominösen Anrufer der BND oder ein Provokateur steckte, galt es, streng konspirativ vorzugehen. Deshalb setzte Kaul umgehend einen Bericht über das Telefonat auf. Adressat war sein Verbindungsmann bei der Stasi, Oberst Udo Lemme, damals noch stellvertretender Chef der MfS-Rechtsstelle.

Nach Rücksprache mit Stasi-Minister Mielke gab Lemme dem Anwalt grünes Licht für weitere Kontakte mit »Weber«. Mach mehreren Telefonaten kam es am 4. März 1981 erstmals zu einer persönlichen Begegnung zwischen dem Informanten und Anwalt Kaul. Im Düsseldorfer Hotel »An der Oper« gab sich »Weber« als Medard Klapper zu erkennen, der ein kleines Waffengeschäft in der Karlsruher Innenstadt führt. Während des Krieges habe er in einer Spezialeinheit gedient und daher die Vergrabungen in der Mark Brandenburg vornehmen müssen. »Er bezifferte den Wert der verborgenen Gegenstände auf insgesamt etwa 30 Millionen DM«, notierte Kaul begeistert in einem Vermerk über das Gespräch.[1] Insbesondere handele es sich um Gemälde, Porzellan, Edelmetalle und eine ganze Kiste voller Orden. Klapper selbst beanspruche eine Vergütung in Höhe von 20 Prozent des Gesamtwertes.

Kaul bezeichnete diese Forderung als angemessen, schränkte jedoch ein, daß die Kunstgegenstände, die von der DDR eventuell an die rechtmäßigen Eigentümer zurückgeben werden müßten, von einer solchen Regelung ausgenommen blieben. Klapper zeigte Verständnis und ließ dann wie nebenbei noch fallen, daß er auch das Versteck des Bernsteinzimmers kenne, das sich ganz in der Nähe von Berlin befinde. Er sei bereit, dies ebenfalls preiszugeben, »wenn alles mit uns in Ordnung ginge«, notierte Kaul.[2]

Der Anwalt war bemüht, seinem Gesprächspartner gegenüber die Seriosität der DDR-Seite hervorzuheben. Er, Kaul, werde bei der Bergung der Schätze anwesend sein und sofort ein Inventarverzeichnis anlegen, versicherte er Klapper. Jede Seite könne einen Sachverständigen benennen, der den Wert der gefundenen Gegenstände einschätze. Die Zahlung werde man über ein Nummernkonto eines Züricher Bankhauses abwickeln, schlug Kaul vor. »Das ist tatsächlich möglich, da ich ein derartiges Konto bei der Bank Leu in Zürich für die Abtlg. 90 des ZK (Gen. Karl Raab) eingerichtet und auch Vollmacht dafür habe«, vermerkte der Anwalt in seinem Bericht über das Gespräch.[3]

Kauls Bemühungen um eine Vertrauensbasis schienen erfolgreich, denn zum Abschluß ihres Treffens verriet Klapper ein erstes Versteck: In Vietmannsdorf, einem Flecken in der Schorfheide, gebe es ein ehemaliges Herrenhaus, das zu Kriegsende von einem Göring-Vertrauten bewohnt wurde. Unter der letzten Stufe der geschwungenen Steintreppe befinde sich eine Kiste mit kostbarem Porzellan, erzählte er. Darunter sei zum Beispiel ein porzellanes Reiterstandbild von Friedrich dem Großen. »Vorsicht bei der Nachgrabung« habe Klapper empfohlen, notierte Kaul. Eine weitere »Kiste mit Bildern oder ähnlichem« befinde sich zudem an der Ecke eines alten Stallgebäudes neben dem Gutshaus. Wenn diese Funde »ordnungsmäßig mit ihm reguliert würden«, würde er weitere Vergrabungsorte angeben, und zwar zunächst in Himmelpfort«.[4]

Kaul war wie elektrisiert. Sollten die Kisten in Vietmannsdorf wirklich gefunden werden, wäre er auf eine Goldader – wenn auch mit braunem Anstrich – gestoßen. Noch im Hotel schloß der Anwalt daher eine

Vereinbarung mit Klapper ab. Darin versprach er dem Waffenhändler eine faire Zusammenarbeit und versicherte ihm, daß er sich mit seinem Handeln in »keinen Gegensatz zu den Gesetzen der DDR« begebe.

Daheim in Ost-Berlin informierte Kaul umgehend seinen Stasi-Spezi Lemme über Klappers Angaben zu Vietmannsdorf. Der meldete die Fakten sofort an General Carlsohn, Mielkes Büro-Leiter, weiter. Und schon zwei Tage später setzte der Minister einen Grabungstrupp der Stasi nach Vietmannsdorf in Marsch. Die Aktion »Kunstraub Göring«, MfS-Registrier-Nummer FV 11/81, hatte begonnen.

Was zu diesem Zeitpunkt weder Kaul noch die Stasi ahnten: Mit dem ehemaligen Waffen-SS-Mann Klapper war Ost-Berlin einem tolldreisten Blender aufgesessen, der dem legendären Fälscher der Hitler-Tagebücher, Konrad Kujau, durchaus ebenbürtig war. Wie der in Ditzingen bei Stuttgart lebende Kujau verkehrte auch der Karlsruher Klapper in den zwielichtigen Kreisen der Militaria-Händler und NS-Fanatiker. Dort ließ sich viel Geld verdienen, denn Orden, Schmuckwaffen und Originalhandschriften von Hitler, Goebbels, Göring und anderen Nazi-Größen wechselten mitunter für Tausende von Mark den Besitzer. Und man kam an Informationen heran, die sich versilbern ließen – entweder bei der Presse, bei Geheimdiensten oder der Polizei.

Einige Jahre vor seiner schicksalhaften Begegnung mit dem Tagebuch-Fälscher Kujau hatte der *Stern*-Reporter Gerd Heidemann 1977 Klapper kennengelernt. Ein BKA-Mitarbeiter stellte ihm damals den Waffenhändler als V-Mann vor. »Es ging um den Verkauf eines Panzermotors an die ČSSR«, erinnert sich Heidemann. »Klapper sollte sich bei diesem Geschäft als Lockvogel des MAD an einen belgischen Waffenhändler heranmachen und die Sache auffliegen lassen.«*

Bei dem Geschäft mit dem Panzermotor gab es jedoch eine böse Panne. Nachdem die Sache wie geplant aufgeflogen und in der Öffentlichkeit bekannt geworden war, stellte sich heraus, daß der Verkauf eines entsprechenden Motors in den Ostblock gar nicht verboten gewesen war. Der belgische Waffenhändler verklagte daraufhin erfolgreich die Bundesregierung auf Schadenersatz.

Auch von BND und Verfassungsschutz wurde Klapper nach eigener Aussage als Informationsquelle genutzt. Die Karlsruher Kripo schätzte ebenfalls seine Zuträgerdienste, verfügte der Waffenhändler durch seinen Laden doch über entsprechende Verbindungen in die schwäbische Unterwelt.[5] Aus seinen Verbindungen in das rechte Sympathisantenlager machte Klapper nie einen Hehl, auch seinen ostdeutschen Partnern gegenüber nicht. Den wackeren Antifaschisten präsentierte er voller Stolz Fotos, die ihn in Begleitung früherer Nazi-Größen wie dem Himmler-Adjutant General Wolff oder dem Göring-Vertrauten Dr. Fritz Görnnert zeigen, die in der Bundesrepublik ihren Lebensabend verbrachten. Mit verschwörerischer Stimme erzählte Klapper den Ost-Genossen von einem »Ritterkreis« überlebender Naziführer in Spanien, der sich regelmäßig treffe und in Erinnerungen schwelge. Dabei seien auch Martin Bormann und Josef Mengele, erzählte Klapper. Er habe zu

---

* Klapper hatte sich dabei letztlich genauso dumm angestellt wie drei Jahre später, als er dem Bundeskriminalamt um ein Haar die Aufklärung eines Gemäldediebstahls aus dem Potsdamer Schloß Sanssouci vermasselt hätte (Gespräch des Autors mit Gerd Heidemann, November 1999).

Waffenhändler Medard Klapper, ehemals Mitglied der Waffen-SS, hier 1977 in Görings Uniform am Steuer von dessen Yacht »Carin II«, wollte die Stasi 1981 zu verborgenen Schätzen in der Schorfheide führen.

diesem erlauchten Kreis Zutritt, weil er während des Krieges bei Hitlers Leibstandarte gedient hatte. Außerdem gehöre er der HiaG an, der »Hilfsgemeinschaft auf Gegenseitigkeit der Soldaten der ehemaligen Waffen-SS«. Beim »Ritterkreis«, so gab Klapper kund, sei man bereit, mit der DDR über die Bergung weiterer Nazischätze zu verhandeln.

Stasi-Minister Mielke und seine wenigen in den »Vorgang Klapper« eingeweihten Mitkämpfer waren fasziniert. Daß Bormann nachweislich längst tot war, interessierte sie nur am Rande.* Seit den fünfziger Jahren hatte das MfS versucht, Zugang zu den Kreisen ehemaliger NS-Führer zu finden. Damals ging es freilich darum, die Verbindungen der Alt-Nazis zu den »Bonner Ultras« zu enthüllen, um den »faschistischen Charakter« des westdeutschen Staates zu belegen. Inzwischen aber hatte die DDR-Führung längst den ideologischen Vorschlaghammer in die Rumpelkammer getan, um sich nicht die immer notwendiger werdende wirtschaftliche Unterstützung durch den Westen zu verderben. Jetzt ging es nur noch ums Geschäft, und da schreckte die Stasi auch nicht vor Kontakten mit alten und neuen Nazis zurück.

---

* Klapper versuchte 1981 auch den *Stern* auf die Spur des angeblich noch lebenden Martin Bormann zu setzen. Bormann galt seit Kriegsende als tot, seinen Leichnam hatte man in den letzten Kriegstagen am Lehrter Bahnhof gefunden. Dem Reporter Heidemann, der von der *Stern*-Redaktion mit den Recherchen zu dieser Geschichte beauftragt worden war, präsentierte Klapper aber ein aktuelles Foto, das ihn neben Bormann zeigte. Tatsächlich handelte es sich bei dem Mann um einen Doppelgänger, der Bormann täuschend ähnlich sah. 1998 kam durch eine DNA-Analyse heraus, daß es sich bei dem am Lehrter Bahnhof gefundenen Leichnam tatsächlich um Bormann gehandelt hat.

Allerdings machte die Gier nach dem Nazi-Gold die Stasi nicht nur ideologisch und moralisch blind. Die Tschekisten versäumten es auch, die Person Klapper näher zu untersuchen, sonst wären sie wohl schon eher darauf gekommen, daß sie einem Blender vertrauten. Doch das MfS beschränkte sich darauf, den Namen ihres Informanten in ihren NS-Archiven und den Karteien der Berliner Standesämter abzugleichen. Da gab es zwar drei, vier Klappers, darunter auch einen Mutard, der 1945 von den Russen gefangengenommen worden war – eine Identität mit dem Karlsruher Waffenhändler konnte aber nicht festgestellt werden. Daß Klapper ab 1983 in den Dunstkreis der Diebesbande geriet, die jahrelang die Bestände des Berlin Document Centres ausgeplündert hatte, um Nazi-Sammlern originale NS-Dokumente zu verkaufen, störte die MfS-Genossen ebenso wenig wie eine zurückliegende Vorstrafe wegen illegalen Waffenhandels. Zwar wurde die Möglichkeit, daß Klapper im Auftrag gegnerischer Geheimdienste ein Spiel mit dem MfS trieb, von einem aufmerksamen Genossen in Betracht gezogen – doch die Stasi-Führung wischte solche Zweifel beiseite. Schmutzige Geschäfte verlangen nach zwielichtigen Partnern – getreu diesem Motto pflegte die Stasi bis 1984 eine bizarre Partnerschaft mit dem Karlsruher SS-Mann.

Anfang März 1981 stand diese Partnerschaft noch am Beginn. Nachdem Kaul die Stasi über Klappers Beschreibung des Verstecks der Porzellan-Kisten unterrichtet hatte, wurde das Gutsanwesen in Vietmannsdorf mehrere Tage lang Zentimeter für Zentimeter abgesucht. Das kleine Dorf befand sich im Ausnahmezustand. »Wir mußten in unseren Häusern bleiben, durften nicht in die Nähe des Gutes kommen«, erinnert sich ein Dorfbewohner. »Nachts war das ganze Gelände mit großen Scheinwerfern erleuchtet. Was die gesucht haben, erzählte uns niemand.«

Mit Bagger und Spaten, dünnen Metallstangen und Sonden suchte der Stasi-Trupp nach den vermeintlichen Göring-Kisten. Der Erfolg war mager: Nur eine einzige Holzkiste wurde zutage gefördert. Zwar enthielt sie Porzellanteile, die in Zeitungspapier aus dem Jahre 1945 eingeschlagen waren – aber die avisierte Meißner Sammlung oder gar das Reiterstandbild des Soldatenkönigs waren nicht dabei.

Als Klapper am 3. April 1981 in Kauls Ost-Berliner Kanzlei aufkreuzte, präsentierte man ihm die geborgene Kiste samt Inhalt. Mehr habe man nicht gefunden, beteuerten der Anwalt und ein Herr Roland vom DDR-Kulturministerium, hinter dem sich Stasi-Oberst Lemme verbarg. Kaul übergab Klapper eine Liste des Kisteninhalts mit 122 Positionen. Der geschätzte Gesamtwert des Porzellans, so der Anwalt, liege gerade mal bei 700 Mark.

Klapper zuckte nur die Achseln. Er könne noch weitere Pläne liefern. In einem See seien Kisten mit Gold und Platin versenkt, in einem Bunker Aluminiumbehältnisse mit Gemälden alter Meister versteckt und in einem Waldstück geheime Unterlagen verscharrt worden. Er habe die Pläne schon gesehen, was ihn bislang 50 000 DM gekostet habe. Um in ihren Besitz zu kommen, müsse er seinem Verbindungsmann, der aus dem Stab Görings stamme und jetzt in Venezuela lebe, aber noch mehr zahlen. Kaul versprach, die Sache zu prüfen und gab Klapper 314 DM für die Flugkarte zurück nach Frankfurt am Main.

Die Stasi zögerte. Sollten sie dem dubiosen Klapper glauben? Immerhin hatte er mit dem ersten Tip richtig gelegen, auch wenn sich der Inhalt der Kiste als weniger wertvoll entpuppt hatte als versprochen.

Als sich Klapper in der Woche darauf noch einmal bei Kaul meldete, machte der Anwalt einen Vorschlag: Er werde ihm aus seinem Guthaben in der Bundesrepublik einen Vorschuß auf den zu erwartenden Finderlohn zahlen. Klapper war einverstanden. Doch bevor es zu der Auszahlung der Summe kam, starb Anwalt Kaul unerwartet am 16. April 1981.

Nun kam die Schatzsuche ins Stocken. Als Klapper nichts mehr aus Ost-Berlin hörte, ging er zum *Spiegel*, um wenigstens noch ein paar Mark aus der verpatzten Geschichte zu pressen. Unter der Überschrift »Reichlich kleinlich« berichtete das Magazin Anfang Juni 1981 in Heft 26 von der Schatzsuche in Vietmannsdorf, dem Fund der Porzellankiste und der Knauserigkeit der DDR-Oberen, die dem Informanten den Finderlohn vorenthielten. Klapper kassierte – wie er seinen Stasi-Partnern später erzählte – 1 000 DM für seine Informationen. Mit dem *Spiegel*-Artikel war, wie es schien, die Stasi-Aktion »Kunstraub Göring« kläglich gescheitert, noch bevor sie so richtig in Gang gekommen war.

Nur wenige Tage nach dem *Spiegel*-Bericht bekam der *Stern*-Reporter Gerd Heidemann einen Urlaubsgruß seines Ressortchefs Thomas Walde zugeschickt. »Hoffentlich spuckt uns da keiner in die Suppe«, schrieb Walde mit Verweis auf den *Spiegel*. Schließlich habe Heidemann doch schon vor Monaten mal von solch einem Göring-Versteck erzählt. Am besten, riet er, »erkundigst Du Dich mal bei unseren Leuten«.

»Unsere Leute« waren die Stasi-Offiziere Brehmer und Ludwig aus der HVA-Abteilung X/5, die die beiden *Stern*-Mitarbeiter seit längerem bei deren Recherchen im Geheimdienstmilieu unterstützten. Walde und Heidemann, seit langem auf vertraulichem Fuß mit dem Hamburger Verfassungsschutz, hielten das Landesamt stets auf dem laufenden über ihre Verbindungen zur Stasi. »Die ließen das laufen, schließlich waren sie daran interessiert, was die Stasi von uns wissen und mit uns machen wollte«, erinnert sich Heidemann. Auch im *Stern* habe man Bescheid gewußt über diese »besonderen Verbindungen«.[6]

Heidemann war erstmals im Jahre 1980 auf Weisung Waldes mit den Stasi-Leuten zusammengetroffen. Damals ermöglichte die HVA dem *Stern* eine Geschichte über die Stasi-Agentin Inge Goliath, die im Vorzimmer des CSU-Bundestagsabgeordneten Werner Marx gesessen und Ost-Berlin über die Informationskanäle des BND zur Strauß-Partei detailliert informiert hatte. Nach Goliaths Flucht spielte die HVA diese Tatsachen über Walde und Heidemann dem *Stern* zu, der eine aufsehenerregende Geschichte daraus machte.

Seit dem Herbst 1980 war Heidemann, der im Stasi-Archiv als Kontaktperson (KP) »Rose« auftaucht, im Auftrag des *Stern* und der Gruner+Jahr-Verlagsleitung den Hitler-Tagebüchern auf der Spur.[7] Aus Militaria-Kreisen hatte er erfahren, daß die bislang unbekannten Aufzeichnungen des Führers aus der DDR stammten, aus dem kleinen Dorf Börnersdorf im Sächsischen. In den letzten Kriegstagen war hier ein Flugzeug abgestürzt, das unter anderem geheime Unterlagen aus der Berliner Reichskanzlei an Bord hatte. Darunter sollten sich angeblich auch die Hitler-Tagebücher befinden.

118

Die HVA-Offiziere Brehmer und Ludwig fuhren mit Walde und Heidemann nach Börnersdorf. Die Gerüchte um die angeblichen Tagebücher hatten die *Stern*-Leute ihren Stasi-Partnern allerdings verheimlicht und nur allgemein von brisanten Dokumenten an Bord des Flugzeugs gesprochen. Sie wollten in dem Nest auch nur überprüfen, ob 1945 tatsächlich eine Maschine abgestürzt war.

Die Stasi selbst hatte ein großes Interesse an dieser Geschichte. Zum einen erhoffte man sich den Zugriff auf bislang unbekannte NS-Dokumente, die sich möglicherweise »politisch-operativ« gegen den Klassenfeind auswerten ließen. Zum anderen galt es, eine DDR-feindliche »Organisation«, die Nazi-Unterlagen in den Westen schmuggelte, zu zerschlagen. Und nicht zuletzt wollte man sich den *Stern* durch freundliche Mithilfe für weitere gemeinsame Geschichten »warm halten«.

Auf der Autofahrt nach Börnersdorf Mitte November 1980 – just zwei Tage nach Klappers erstem Anruf bei Anwalt Kaul – seien er und sein Stasi-Spezi Brehmer beim Schachspiel im Fond des Wagens ins Plaudern gekommen, erinnert sich Heidemann heute. Der Reporter erzählte Brehmer damals unter anderem von seinem Zusammentreffen mit Görings einstigem Referenten und engem Vertrauten, Fritz Görnnert. Auf Heidemanns Boot, der früheren Göring-Yacht »Carin II«, habe Görnnert ihm 1977 von einer vergrabenen Kiste mit Porzellan auf einem Gut in Vietmannsdorf berichtet. »Der Stasi-Offizier hat sich zwar den Namen des Ortes aufgeschrieben, aber darüber gesprochen haben wir später nicht mehr«, so Heidemann.[8] Nach dem *Spiegel*-Bericht vom Juni 1981 war Heidemann schnell klar, daß Klapper dahinter steckte. Hatte er nicht dem Karlsruher

Waffenhändler vor Jahren Görnnert vorgestellt? Wußte Klapper möglicherweise von Görnnert über Vietmannsdorf Bescheid?

Heidemann nahm daraufhin wieder Kontakt zu Klapper auf. Dieser bestritt aber, die Informationen über Vietmannsdorf von Görnnert zu haben. Sie stammten von einem ehemaligen Luftwaffen-Adjutanten aus der Umgebung Görings. Der Mann, den er Matthias von Walde nannte, lebe jetzt in Venezuela und habe Klapper mehrere Skizzen übergeben, auf denen die Schatzverstecke eingezeichnet seien. Die dort verborgenen Gegenstände hätten einen Wert von 20 bis 30 Millionen DM.

Heidemann glaubte Klapper und einigte sich mit ihm über das weitere Vorgehen. Er gab dem Karlsruher als erste Anzahlung 25000 DM und setzte einen Vertrag auf, in dem Klapper den Reporter damit beauftragte, alle nötigen Schritte zum Bergen der Schätze in der DDR einzuleiten. Im Gegenzug erhielt Heidemann die ersten drei Skizzen.

Mit denen meldete er sich am 27. August 1981 bei seinen Partnern von der HV A. Den verblüfften Offizieren teilte er mit, er sei in den Besitz von Plänen über Nazischätze gelangt, die sich auf dem DDR-Territorium befinden. Mit ihrer Hilfe sei es möglich, drei Kisten mit 450 Kilogramm Gold und Platin, 47 Kisten mit Gemälden flämischer Meister und geheime Akten aus dem Reichsluftfahrtministerium zu finden. Sollte die Aktion erfolgreich verlaufen und sich die DDR an die noch zu treffende Absprachen halten, so Heidemann, würden noch weitere Pläne eintreffen, mit denen Schmuck und Ehrengeschenke aus dem Göring-Nachlaß sowie wesentliche Teile des Bernsteinzimmers aufgespürt werden könnten.

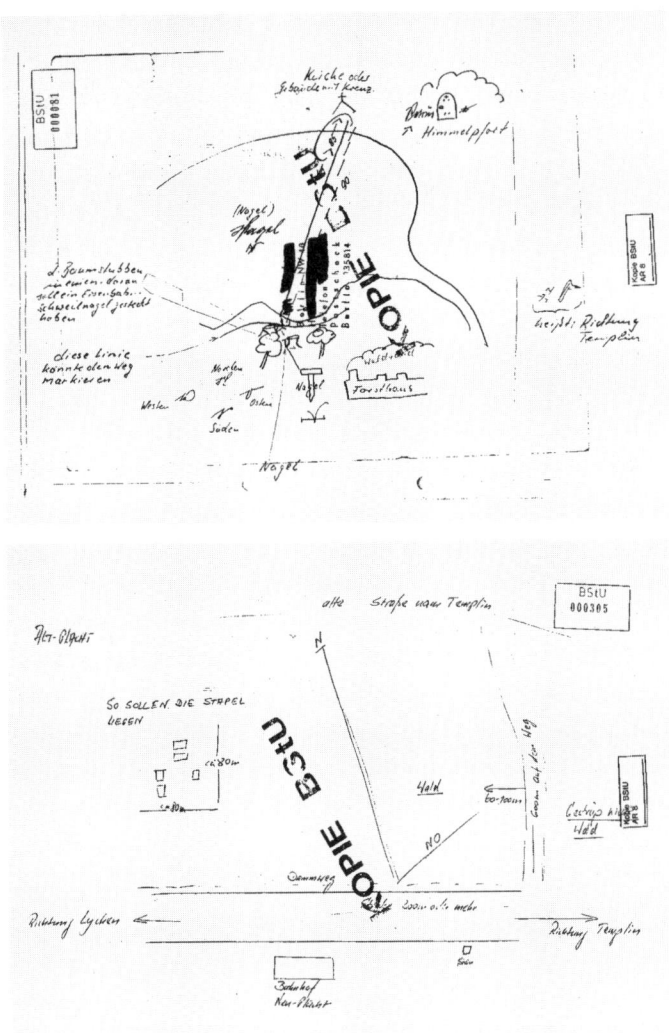

Nach diesen Skizzen von Medard Klapper versuchte die Stasi die angeblich bei Himmelpfort in der Nähe von Fürstenberg vergrabenen Schätze aus der Kunstsammlung Göring zu finden.

Alle Verstecke befänden sich in einem Umkreis von 50 Kilometer um den Stolpsee nahe Fürstenberg, erklärte der Reporter. Mit der Suche nach den Gold- und Gemäldekisten könne man sofort beginnen. Von dem Gold verlangten er und seine Partner 50 Prozent des Wertes als Finderlohn, die Gemälde gebe es umsonst.

Auch mit dem Namen seines Informanten hielt Heidemann nicht hinter dem Berg: Es handele sich um Medard Klapper, der schon einmal den Kontakt zu Kaul aufgenommen hatte. Aus Verärgerung über ausbleibenden Finderlohn wegen des Porzellans habe dieser dann den *Spiegel*-Artikel initiiert, erklärte der Reporter.

Am 28. August 1981, am Morgen nach dem Treffen mit seiner Kontaktperson »Rose«, setzte Oberstleutnant Ludwig einen Bericht über das Heidemann-Angebot an seine Vorgesetzten ab. Die ganze Geschichte klinge sehr unwahrscheinlich und zweifelhaft, fügte Ludwig als Einschätzung hinzu. Es müsse jedoch in Rechnung gestellt werden, daß die genannte Kiste mit Porzellan in Vietmannsdorf nach Klappers Tip tatsächlich gefunden worden sei. »Deshalb sollte trotz aller Zweifel diesen Hinweisen von KP ›Rose‹ nachgegangen werden«, empfahl Ludwig.

Minister Mielke folgte dem Vorschlag Ludwigs. Noch am gleichen Tag wies er den stellvertretenden Leiter der Rechtsstelle, Oberstleutnant Rainer Rothe, an, einen Plan zur Bergung und Sicherstellung zu erarbeiten. Auch sei vorzuschlagen, wie die Informanten abgefunden werden können.

Wie ehedem Klapper bei Kaul, wollte sich auch Heidemann bei seinen Stasi-Spezies rechtlich absichern. Die HVA hatte nichts dagegen: Auf einem Kopfbogen des »Amtes für den Rechtsschutz des Vermögens der

DDR« wurde Heidemann von der MfS-Rechtsstelle ein 50-prozentiger Anteil an einem Goldfund zugesichert – steuerfrei, versteht sich. Gleichzeitig wurde dem Reporter bescheinigt, daß er mit dieser Abmachung nicht gegen die Rechtsordnung der DDR verstoße. Schließlich kamen beide Seiten noch darin überein, daß eine publizistische Auswertung der Bergung nicht vorgenommen werden solle – die Öffentlichkeit blieb ausgeschlossen.

Der Stasi-Apparat kam in Gang. Für Minister Mielke hatte der Stolpsee bei Himmelpfort dabei oberste Priorität. In einer bestimmten Bucht sollten hier die Goldkisten versenkt worden sein, hatte Heidemann unter Berufung auf Klappers Informanten gesagt. Spezielle Einsatzkräfte der Hauptabteilung IX untersuchten die Bucht und fanden tatsächlich drei auffällige Erhebungen auf dem Meeresgrund.

Allerdings war der Stolpsee nach Kriegsende mit Trümmerschutt zugekippt worden. Mit Metalldetektoren ließ sich der Seegrund nun nicht mehr absuchen – ständig schlugen die Geräte aus, wenn sie auf Nägel oder andere Metallstücke stießen.

Auch Gerd Heidemann mußte schon bald die Tücken des Unternehmens erkennen. Anfang September war er nach Ost-Berlin gefahren, von wo ihn seine Stasi-Offiziere kurzerhand in die Umgebung von Fürstenberg kutschierten, um mit ihm – als vertrauensbildende Maßnahme – die drei angeblichen Schatzverstecke zu suchen.

Erste Station war der Stolpsee. Dort suchten Heidemann und Genossen zunächst vergeblich die Baumstümpfe an der beschriebenen Bucht ab. Laut Schatzkarte hätte sich in einem der Stümpfe ein auffälliger Nagel befinden müssen, von dem aus man ein 85 Grad breiten Winkel bilden sollte, wobei ein Schenkel auf das

Kreuz eines Gebäudes am anderen Seeufer ausgerichtet werden mußte.

Doch nicht nur der Nagel fehlte, auch das Kreuz war unauffindbar. Immerhin bekamen die Stasi-Leute heraus, daß ein unscheinbares Haus am gegenüberliegenden Seeufer bis kurz nach Kriegsende tatsächlich ein Kreuz auf dem Dachfirst gehabt hatte.

Doch mit nur diesem einen Anhaltspunkt konnte man den Winkel nicht bilden und die angegebene Entfernung zum Versenkungsort abmessen. Und so ruderte Heidemann mit der Stasi ein wenig in der Bucht herum, ein paar Spezialtaucher des MfS-Wachregiments »Feliks Dzierzynski« suchten den schlammigen Seegrund ab, fanden aber nur ein paar Ziegelsteintrümmer, sonst nichts. Heidemann war enttäuscht. Die erhoffte Millionenprämie für den Goldschatz hatte sich in Luft aufgelöst.

Und auch mit den 47 Kisten voller wertvoller Gemälde wurde es nichts. Heidemann und die Tschekisten fuhren kreuz und quer durch die Schorfheide – vergeblich. Klapper hatte auf einem Plan ein Jagdhaus von Göring unweit von Carinhall eingezeichnet, dessen Fertigstellung der Krieg angeblich verhindert hätte. Nur der Keller, als Betonbunker ausgebaut, sei errichtet worden. Dort hinein habe man die Bilderkisten geworfen, dann sei der Keller versiegelt und die Oberfläche mit Laub und Erde aufgefüllt worden, habe der Informant aus Venezuela gesagt. Als wesentlichen Hinweis für die Suche hatte Klapper nur noch den Tip, auf eine leichte Erhöhung in der Landschaft zu achten. Doch davon gab es Hunderte.

An einer dritten Stelle sollten sie hingegen nach einer flachen Mulde Ausschau halten. In der Nähe von Klan-

Gerd Heidemann, der als Stern-*Redakteur mit den angeblichen Hitler-Tagebüchern Schiffbruch erleiden sollte, ruderte 1981 vergeblich mit der Stasi über den Stolpsee, um einen Goldschatz aus dem Göring-Nachlaß aufzuspüren.*

dorf, an der Bahnstrecke von Wandlitz nach Friedrichswalde, seien in einem ehemaligen Bombentrichter mitten im Wald zwölf zugelötete Kisten mit Geheimdokumenten des Reichsluftfahrtministeriums verborgen worden, hatte Klapper erzählt. Den Trichter habe die SS mit Erde aufgefüllt. Doch auch diese Suche verlief ergebnislos.

Einzig Minister Mielke wollte so schnell nicht aufgeben. Die Hauptabteilung IX/7 arbeitete sich in der Folgezeit durch Berge von Archivdokumenten, prüfte Unterlagen sämtlicher Dienststellen des NS-Regimes rund um Carinhall, befragte alte Einwohner in der Schorfheide, studierte Landkarten und verblichene Fotos. Wieder und wieder suchten derweil Kampftaucher der Stasi den Grund des Stolpsees ab. Spezialisten des Operativ-Technischen Sektors (OTS) des MfS rückten mit komplizierten Gerätschaften an. Beim Minister für Geologie forderte Mielke Spezialkräfte der Abteilung Geophysik ab; die Kollegen sollten spezielle Technik für Gravimetrie und magnetische Meßtechnik mitbringen. Der Minister befahl auch den Einsatz einer Multispektralkamera, die von Bord eines Flugzeuges vom Typ AN 2 aus die drei vermeintlichen Bergungsorte fotografieren sollte. Das Codewort für diese Aktion lautete »Herbstwind«.

Am Ende kam aber nicht einmal ein laues Lüftchen heraus. Still und leise stellte Mielke 1982 die Suche nach dem angeblichen Göring-Schatz ein, die fast 100 000 DDR-Mark verschlungen hatte. Auch der Kontakt der Stasi zu Klapper und Heidemann riß ab. Der Reporter, der die Verbindung zu dem Waffenhändler halten sollte, hatte mit der geplanten Veröffentlichung der Hitler-Tagebücher genug um die Ohren. Ohnehin wußte Klapper keine zusätzlichen Details mehr zu berichten. Und so hatte Heidemann die Hoffnung, einen Schatz zu finden, inzwischen aufgegeben. Winkte ihm doch sowieso schon bald der Ruhm als Entdecker der Tagebücher des Führers. Daß sich aber auch diese Aufzeichnungen im Mai 1983 als Fälschung herausstellen und den *Stern*, seinen Verlag Gruner+Jahr sowie Heidemann bis auf die Knochen blamieren würden, ahnte der Reporter damals noch nicht.

Den juckten zu jener Zeit einzig noch die knapp 200 000 DM, die er Klapper seit Beginn ihrer geschäftlichen Allianz im Sommer 1981 im Vertrauen auf den künftigen Finderlohn vorgeschossen hatte. Aber wie er das Geld von dem zwar umtriebigen, aber stets mittellosen Militaria-Händler zurückbekommen sollte, wußte er auch nicht.*

Mitte Februar 1983 meldete sich Medard Klapper überraschend wieder in der früheren Kaul-Kanzlei in Ost-Berlin, die von Günter Ullmann und Winfried Matthäus weiter geführt wurde. Er wolle jetzt reinen Tisch machen und in die DDR kommen, um an Ort und Stelle die Verstecke zu öffnen, erklärte der Waffenhändler. Mit Heidemann sei er fertig, der habe ihn hintergangen. Nein, Geld wolle er nicht, nur Anteile an den gefunde-

---

* Im Jahre 1983 verklagte Heidemann Klapper auf Rückzahlung von insgesamt 187 000 DM. Es kam zu einem Vergleich, in dem sich Klapper verpflichtete, die Summe in Raten zu je 50 000 DM zurückzuzahlen. Im Gegenzug verzichtete Heidemann auf künftige Ansprüche bei der Schatzsuche in der DDR. Später kam heraus, daß Klapper bereits einen Offenbarungseid geleistet hatte und gar nicht mehr zahlungsfähig war. Ein neuerliches Verfahren wurde wegen Verhandlungsunfähigkeit von Klapper eingestellt.

nen Schätzen. Auch habe er jetzt eine neue Karte mit weiteren Angaben vom Stolpsee. Von dem angeblichen Jagdhaus-Keller mit den Gemälden wisse er nun, daß er sich in Eichhorst befinde, sagte Klapper. Und zum Abschluß gab er noch einen Tip: Auf dem Friedhof in Templin, in einer Familiengruft, befände sich eine Urne, gefüllt mit Diamanten und Edelsteinen.

Die Anwälte informierten umgehend Oberst Lemme, der inzwischen zum Chef der MfS-Rechtsstelle aufgerückt war. Doch die Stasi blieb skeptisch. Zweimal war die Suche nach den angeblichen Millionenschätzen schon gescheitert, ein drittes Mal wollte man sich mit einem Flop nicht blamieren.

Da suchte im Juni 1983 der westdeutsche Briefmarkenhändler Karl-Heinz Köppen den KoKo-Vize Manfred Seidel auf. Köppen unterhielt seit Jahren enge geschäftliche Beziehungen zu Schalcks Devisenbereich Kommerzielle Koordinierung. Diesmal wollte er mit Seidel aber nicht über Briefmarken sprechen, sondern ein anderes Geschäft anregen: Köppen schlug Seidel vor, gemeinsam vergrabene Kunstschätze aus der NS-Zeit zu heben.

Seidel wurde hellhörig und bat den Vizechef der MfS-Rechtsstelle, Rothe, als angeblichen Mitarbeiter des DDR-Kulturministeriums zu dem Gespräch hinzu. Köppen erzählte, sein Informant wäre ein Herr Klapper, von dem er kürzlich seltene Briefmarkenbögen angeboten bekommen habe, die sich nachweislich im Besitz führender Nazis befunden hätten und seinerzeit nicht zur Auslieferung gelangt seien. Für den Händler war dies ein Indiz dafür, daß Klapper noch in Kontakt mit Kreisen ehemaliger prominenter Nazis stehen müsse.

Und tatsächlich habe ihm Klapper erzählt, daß er zu

dem Kunstprofessor Mathias von Walden, einem früheren Sekretär Görings, Kontakt hielte. Dieser habe ihm Pläne über verborgene Schätze gezeigt, die sich auf dem DDR-Territorium befänden. Dabei solle es sich um mehrere Urnen mit Brillanten, Kisten mit Gold und Gemälden sowie große Teile des Bernsteinzimmers handeln, erzählte Köppen.

Klapper und von Walden wären bereit, am 12. August 1983 in die DDR einzureisen und als erstes die Urnen mit den Brillanten zu bergen, informierte Köppen. Im Erfolgsfall verlangten sie einen Anteil in Höhe von 20 Prozent. Vorher solle jedoch ein Vertrag zwischen der DDR und Köppens Liechtensteiner Firma, der »Anstalt Multicommerz«, geschlossen werden, in der dieser Finderlohn festgeschrieben wird. Als Beweis für seine Zuverlässigkeit sei Klapper bereit, zwei in seinem Besitz befindliche Teile des Bernsteinzimmers Köppen zu übergeben, der sie Seidel zur Prüfung weiterreichen würde.

Nach dem Gespräch mit Köppen berieten Rothe und Seidel lange. Zwar überwogen noch die Zweifel an Klappers Glaubwürdigkeit. Aber da waren auch seine offenkundigen Beziehungen zu NS-Kreisen und die Zusage, zwei Teile des Bernsteinzimmers zu präsentieren. Den Ausschlag, es doch noch einmal mit dem dubiosen Waffenhändler aus Karlsruhe zu probieren, gab schließlich der Umstand, daß Klapper im Gegensatz zu früher keine finanziellen Vorleistungen mehr forderte.

Am 18. Juli 1983 übermittelte Oberstleutnant Rothe an Mielkes Stellvertreter Rudi Mittig einen Plan zur Bergung der Kunstwerke, die diesmal Stasi und KoKo gemeinsam durchführen sollten. Mittig sprach daraufhin mit General Werner Großmann, Wolfs Stellvertreter in der HV A, und General Rolf Fister, Chef der Hauptabteilung IX, über das Vorhaben. Die winkten ab – das Projekt habe keine Erfolgsaussichten, meinten beide unisono.

Doch Mittig war vom Schatzfieber angesteckt. Seinem Minister empfahl er, trotz der Einwände der beiden Generäle das Projekt zu genehmigen. »Wir riskieren dabei nichts, und auch der Aufwand an Kosten ist geringfügig«, schrieb er Mielke. Der Minister ließ sich überzeugen: »Einverstanden. Mielke«, notierte er auf der Mittig-Vorlage.

Parallel zu Köppens Kontaktaufnahme mit Seidel versuchte dessen Händlerkollege Benno Krell aus Frankfurt/Main, mit der KoKo ins Schatz-Geschäft zu kommen. Krell war durch den Handel mit NS-Briefmarken und anderem Nazi-Material reich geworden. Auf dem westeuropäischen Philatelisten-Markt agierte er arbeitsteilig mit dem Schweizer Unternehmer Ottokar Herrmann, der als Schalcks wichtigster Mann, wenn nicht gar als dessen Statthalter in der Schweiz galt. Die Ware erhielten Krell und Herrmann hauptsächlich von der Ost-Berliner KoKo-Firma Kunst & Antiquitäten. Krells Ansprechpartner war dort Gernot Haubold, der für den Briefmarkenhandel zuständige Abteilungsleiter. Neben den Marken-Geschäften erwirtschaftete der tüchtige Haubold auch mit illegalen Goldgeschäften und dem Handel mit Wertpapieren aus der NS-Zeit sowie mit dem Verkauf von Nazi-Devotionalien an entsprechende Händler in Süddeutschland Jahresumsätze in Millionenhöhe für die KoKo.

»Nebenbei« war Haubold zudem ein besonders eifriger Zuträger der Stasi-Hauptabteilung XVIII/7. Unter dem Decknamen »Rose« habe der IM mit Feindberührung (IMB) seit Jahren »fleißig und zuverlässig« detaillierte Informationen über die westlichen Geschäftspartner der KoKo und die DDR-Szene der Kunst- und Antiquitätenhändler geliefert, lobte die Stasi Haubold in einer Einschätzung aus dem Jahre 1985. In vier Fällen hätten seine Informationen »wesentlich« dazu beigetragen, Händler ins Gefängnis zu bringen. »Diese Arbeit, Hinweise auf Spekulanten zu geben, Beweismittel über Verkaufshandlungen zu beschaffen, Zeitwertfeststellungen erstellen zu lassen und die im Rahmen von Ermittlungsverfahren gesicherten Antiquitäten über die Kunst & Antiquitäten GmbH gegen Valuta umzusetzen, war der Schwerpunkt in der gesamten Zusammenarbeit mit dem IM.«[9]

Bei einer Dienstreise nach Frankfurt/Main im Juni 1983 hatte Haubold von Krell die Geschichte um Klappers Schatzkarten erfahren. Krell bot an, für Haubold und dessen KoKo-Leute den Kontakt zu Klapper und dessen Nazi-Informanten herzustellen. Er verlangte für alle Beteiligten eine Provision in Höhe von 20 Prozent. Haubold – grauen Geschäften nie abgeneigt, wenn sie genug Profit abwarfen – sicherte umgehende Prüfung des Vorschlags zu.

Daheim in Ost-Berlin informierte »Rose« sofort seinen Führungsoffizier, Oberstleutnant Strauch. Damit lagen der Stasi plötzlich zwei scheinbar konkurrierende, aber offensichtlich abgestimmte Angebote auf dem Tisch. Im MfS entschied man sich, das Doppelspiel mitzumachen und gab Haubold grünes Licht für die Aktion »Goldschatz«, wie sie in der Hauptabteilung XVIII genannt wurde. Offenbar wollte die Stasi über diesen »back channel« das Vorgehen von KoKo-Vize Seidel unter Kontrolle halten.

Doch weder die Schiene Krell noch die Verbindung

über Köppen führten die Stasi schließlich zum erträum-
ten Goldschatz. Zwar kam Klapper – gegen Erstattung
der Reisekosten, versteht sich – noch einige Male in die
DDR; doch es blieb bei ein paar Ausflügen in die
Schorfheide und vagen Ortshinweisen, die einer Überprüfung mit Spaten und Metalldetektoren nicht stand-
hielten. Offenbar hatte Klapper seine schriftlichen Ver-
einbarungen mit der DDR über die Schatzsuche nur
dazu benutzt, um bei seinen Geschäftsfreunden von
Zeit zu Zeit Kreditwürdigkeit vorzutäuschen.

1984, nach vier Jahren unnützer Geldverschwen-
dung, stellte die Stasi den Kontakt zu Klapper endgültig
ein. Wie tief das »Trauma Klapper« noch Jahre später
im MfS saß, macht eine Anekdote aus dem Juni 1989
deutlich. Damals hatte sich ein polnischer Bürger als
Mittelsmann seines westdeutschen Bekannten angeboten, der den genauen Vergrabungsort des Bernsteinzimmers in der DDR benennen könne. General Rolf Fister,
Chef der Hauptabteilung IX, legte das Angebot zu den
Akten. Dem Polen sei eine freundliche Antwort zu übermitteln, befahl der General. Unternommen werden
solle aber vorerst nichts. Ausdrücklich wies Fister in seinem Vermerk an: »Eine Großaktion wie beim Vorgang
Klapper muss auf jeden Fall vermieden werden.«

Aber was war mit der Kiste voller Porzellan, die auf
Klappers Hinweis hin am Herrenhaus von Vietmannsdorf gefunden wurde? War das nicht doch ein Beweis
für dessen Insiderwissen?

Noch heute schwört Klapper Stein und Bein – nicht
zuletzt mit dem Verweis auf diese Kiste – daß er tatsächlich brauchbare Schatzkarten gehabt habe. Die Stasi, so
sagt er, habe damals einfach alle Verstecke ausgeräumt

und den Nachweis darüber in den Akten gelöscht. »Der Kaul, der hat das gewußt, und den haben sie umgebracht.« Gegenwärtig sei er dabei, das Bernsteinzimmer in der Schorfheide auszubuddeln, erzählt er. Und er zeigt ein Bild, auf dem sein Sohn in einem mannstiefen Sandloch steht. »Das ist der Platz, bald stehen wir mit dem Fund in der Zeitung«, schwärmt der alte Mann.[10]

Gerd Heidemann hält die Geschichten von den sagenhaften Schätzen in märkischen Seen und Wäldern für Unfug. Klapper sei ein Spinner, sagt er und wundert sich noch heute, »wie die Stasi auf den hereinfallen konnte«. Nachweislich sei in den letzten Kriegstagen Görings Kunstsammlung komplett in zwei Züge verladen und nach Bayern geschafft worden, wo sie die Alliierten beschlagnahmt und zum Teil geplündert hätten. »Da kann man die ganze Schorfheide umgraben, da findet man nichts mehr von Görings Sammlung«, ist Heidemann überzeugt.

Und die Kiste? »Görnnert wird Klapper davon erzählt haben«, vermutet Heidemann. Er selbst habe ja den Waffenhändler mit dem ehemaligen Göring-Vertrauten 1977 auf seiner Yacht »Carin II« bekannt gemacht. »Doch das Porzellan gehörte auch nicht Göring, das war Görnnerts Besitz, der ab 1944 in Vietmannsdorf gewohnt hatte. Das hat er mir selbst erzählt. Görnnert floh '45 mit Göring und hat vorher, wie er sagte, diese eine Kiste mit nicht sehr wertvollem Porzellan unter der Haustreppe verbuddelt. Das ist alles.«[11]

Erst Ende 1986 rückte das Ministerium für Staatssicherheit schließlich das Görnnert-Porzellan heraus. Die beschädigten Teile aus dem einst 122 Teile umfassenden Kistenfund von Vietmannsdorf hatte man bereits aussortiert. Übrig blieben 71 gut erhaltene Service-Teile aus dänischem, französischem und deutschem Porzellan.

Am 11. Dezember 1986 übergab ein Mitarbeiter der Hauptabteilung IX dem K&A-Angestellten Marx 66 Stücke aus der Görnnert-Kiste. Die KoKo-Firma sollte das Porzellan ihren Westkunden anbieten. Fünf Teller und Tassen behielt die Stasi in ihrem Besitz – als Erinnerung an die vergebliche Suche nach dem Göring-Schatz.[12]

Mit Hacke und Spaten

Das vergrabene Porzellan der Grafenfamilie

Am 9. September 1986 rollen ein Mercedes mit westdeutschem Kennzeichen und zwei Ost-Berliner Ladas auf einen ehemaligen Gutshof in Mecklenburg. Die Ankunft des Westwagens bleibt nicht verborgen. In Windeseile verbreitet sich die Nachricht im Dorf: Der junge Herr ist wieder da und besucht sein Schloß.

Graf Adalbert von Bergen*, ein Antiquitätenhändler aus Nordwestdeutschland, war 16 Jahre alt, als er im April 1945 mit seiner Mutter und seinen beiden Brüdern das väterliche Gut in Mecklenburg verließ, um vor den heranrückenden Russen in den Westen zu fliehen. Sein Vater war schon in den dreißiger Jahren verstorben. Der Familie von Bergen gehörten bis zum Ende des Krieges zehn landwirtschaftliche Güter rings um den herrschaftlichen Familiensitz. Das Schloß hatte die adlige Familie Mitte des 19. Jahrhunderts gebaut.

Ab 1943 mußten die von Bergens ihr Schloß mit einer Wehrmachtseinheit aus einem nahen Militärstützpunkt teilen. Kurz vor Kriegsende, im April 1945, floh die Familie gemeinsam mit den Wehrmachtsoffizieren gen Westen. Ein Teil des Hausrates wurde mit Armeelastern und Militärflugzeugen fortgeschafft. Der größere Teil

* Name geändert

135

des Schloßinventars mußte jedoch in Mecklenburg zurückbleiben.

Diese Hinterlassenschaft war auch der Grund für das seltsame Treffen an jenem Septembertag des Jahres 1986 auf dem Gut. Schon Wochen zuvor hatte der Graf über befreundete Antiquitätenhändler, die Geschäftspartner der Ost-Berliner KoKo-Firma Kunst & Antiquitäten GmbH (K&A) waren, Schalcks Stellvertreter Manfred Seidel ein verlockendes Angebot gemacht. Graf Adalbert wollte der DDR die Kunstschätze hinterlassen, die er im Auftrag seiner Mutter auf dem Gut der Familie kurz vor Kriegsende vergraben hatte. Von Bergen, nach zwei Schlaganfällen gesundheitlich gezeichnet, erhebe keine Ansprüche mehr auf die verborgenen Schätze und habe sich nur ein »Erinnerungsstück« erbeten, teilte OibE Seidel seinem Minister Erich Mielke in einem Schreiben mit.

Einem solch großzügigen Angebot konnte der Minister nicht widerstehen. Er wies die Hauptabteilung IX/7 – zuständig für »politisch-operativ bedeutsame Vorkommnisse« – an, sich mit dem Schalck-Vize in Verbindung zu setzen und die Schatzsuche angemessen vorzubereiten.[1]

Die ersten Recherchen verliefen vielversprechend. Die Angaben des Grafen über verborgene Wertgegenstände, die in den letzten Kriegstagen in seinem Schloßpark vergraben worden sein sollten, wurden in Befragungen von Dorfbewohnern bestätigt. So sei schon einmal, im September 1960, eine Manöver-Einheit der NVA beim Latrinenbau im Schloßpark auf eine Holzkiste gestoßen. Sie beinhaltete wertvolles Berliner Porzellan mit durchgehendem Dekor vom Teller bis zum Tintenfaß. Unter den Fundstücken, die als Kulturgut von nationalem In-

136

teresse in die zweithöchste Kategorie 2 eingestuft worden waren, befanden sich zum Beispiel Teile eines wertvollen Eßservices aus dem Jahre 1768, das der Familie von Bergen einst von Friedrich II. geschenkt worden war.*

Die Recherchen der Stasi ergaben auch, daß diese Kiste nicht die einzige geblieben sein dürfte, die bei Kriegsende auf dem weitläufigen Gutsgelände vergraben worden war. Eine ehemalige Hausangestellte der Familie, die das gefundene Porzellan im Museum als Eigentum der Gräfin von Bergen identifiziert hatte, erinnerte sich daran, daß zwei Truhen in den Ausmaßen 120 x 50 x 90 Zentimeter im Schloßpark vergraben worden seien. Eine der beiden habe das aufgefundene Porzellan beinhaltet, in der anderen hätten sich Geschirr, wertvolle Vasen und Becher befunden. Außerdem erinnerte sich die Angestellte an zwei weitere Holztruhen, die eines Abends kurz vor Kriegsende im Hausflur des Schlosses gestanden hätten und am nächsten Morgen verschwunden gewesen seien.

Der Abschnittsbevollmächtigte des Dorfes wußte der Stasi sogar von fünf Kisten zu berichten, wovon sich zwei in unmittelbarer Nähe vom Fundort der Kiste des Jahres 1960 und eine weitere im sogenannten »Fasa-

---

* Der Fund war 1960 dem zuständigen Kreisheimatmuseum übergeben worden, wo das wertvolle Porzellan auf Jahre im Tresorraum verschwand. Grund waren fehlende finanzielle Mittel, um das Porzellan soweit zu restaurieren, daß man es komplett zur Ausstellung bringen konnte. Nur Einzelteile konnten bis zum Ende der DDR wieder hergerichtet und im Museum von Zeit zu Zeit gezeigt werden. Nach der Wende wurde das Service an Adalbert von Walden zurückgegeben.

nengebüsch« des Schloßparks befinden sollten. Beim Inhalt der fünf Kisten handele es sich vermutlich um wertvolles Glas und Porzellan, so der ABV.[2]

Doch der Auftakt der Schatzsuche auf dem Gut verlief an jenem 9. September 1986 eher enttäuschend. Dabei hatte der Graf vorher getönt, er könne sich genau an die Grabungsorte erinnern. Aber K&A-Chef Joachim Farken – bei der Stasi als IM »Hans Borau« registriert[3] – und Genossen von der Stasi-Abteilung IX/7, die man als Mitarbeiter des DDR-Kulturministeriums vorgestellt hatte, konnten mit ihren Hacken und Spaten wenig ausrichten. Der Graf suchte seine alten Verstecke vergeblich. Durch Meliorationsmaßnahmen in den fünfziger Jahren und durch verschiedene bauliche Umgestaltungen hatte das Gelände sein Aussehen völlig verändert. Als einzige feste Bezugsgröße blieb nur noch das ehemalige Sägewerk des Gutes, wohin Adalbert von Bergen die Stasi-Leute zielstrebig führte. Dort, zwischen den zum Sägegatter führenden Laufschienen, sei eine Kiste mit Porzellan und Jagdwaffen verborgen, erklärte er bestimmt.

Die Stasi-Leute spuckten in die Hände und legten los. Doch die Mühe war umsonst, man förderte nur lehmige Erdklumpen und verrottete Ziegelsteine zutage. Nach stundenlanger schweißtreibender Buddelei stellten die Schatzsucher erschöpft ihre Arbeit ein. Der Graf hatte für die Panne nur ein hilfloses Achselzucken übrig: Na ja, vielleicht sei die Kiste ja auch außerhalb der Schienen vergraben worden.

Doch so richtig böse war man beim MfS nicht über den Flop. Wäre es doch sowieso viel besser, der Graf ist nicht dabei, wenn man die Wertsachen findet. In diesem

Auf diesem Gut in Mecklenburg suchte der Antiquitätenhändler Graf Adalbert von Bergen 1986 gemeinsam mit der Stasi nach den 1945 vergrabenen Wertgegenständen seiner Familie. Die Staatssicherheit ließ von dem Gelände ein Foto anfertigen und markierte darauf das Gutsschloß (1) und das ehemalige Sägewerk (2), wo die Schatzkisten vermutet wurden.

Falle bräuchte man keine Rechenschaft darüber abzulegen, was mit dem Fundgut angefangen wird, so das Kalkül der Stasi. Die Experten von der Abteilung IX/7 gaben dann auch nicht auf. Drei Tage später meldeten sie ihrem Abteilungsleiter, Oberst Heilmann: »Es könnte innerhalb von ein bis zwei Tagen mit ca. zehn geeigneten Kräften eine vollständige Sondierung aller wahrscheinlichen Vergrabungsorte erfolgen«.[4]

Dem adligen Gast aus der Bundesrepublik täuschten die Männer vom »Kulturministerium« hingegen Desinteresse an weiteren Grabungen vor. Das geschah aber auch noch aus einem anderen Grund: Die Stasi fürchtete, daß von Bergen unter dem Vorwand der Schatzsuche häufiger in seinen alten Heimatort kommen und möglicherweise noch weitere Personen aus der Bundesrepublik mitbringen würde.

Damit aber hätte die Stasi plötzlich ein Sicherheitsproblem gehabt, denn nur drei Kilometer nordwestlich von dem Gut befand sich ein sowjetischer Militärflugplatz, der gerade in dieser Zeit zu einem Regimentsstandort einer Flugkampfstaffel umgebaut wurde. Hier sollten demnächst insgesamt 3000 Soldaten und eine Flotte der neuesten Jagdbomber der sowjetischen Armee stationiert werden. Unter Verweis auf die »komplexe Spionageaufklärung des Gegners« warnte daher ein Mitarbeiter der HA IX/7, es sei nicht auszuschließen, daß Graf von Bergen oder ihn begleitende Personen die Suche nach vermeintlichen Wertgegenständen im gräflichen Schloßpark nur als Vorwand für Militärspionage in diesem Gebiet benutzten.

Also setzte die Stasi die Suche nach den Schatzkisten der Adelsfamilie auf eigene Faust fort. Vier Tage lang, vom 21. bis 24. Oktober 1986, stellte eine spezielle Untersuchungsgruppe der HA IX/7 das 1889 errichtete Sägewerk auf den Kopf. Das Gut war an diesen Tagen hermetisch abgeriegelt, Dorfbewohner durften nicht einmal in die Nähe des Schlosses kommen.

Mit Metallsuchgerät, Stabsonden und einzelnen »Handgrabungen« suchten die Stasi-Experten das Gelände Zentimeter um Zentimeter ab. Am vierten Tag wurden sie fündig. Etwa einen Meter neben den Laufschienen zum Sägegatter, wo der Graf die Kiste vermutet hatte, stießen die Grabenden in einer Tiefe von nur 40 Zentimeter plötzlich auf eine blau-weiße Porzellanfigur. Auf dem Sockel der 21 Zentimeter hohen Figur fand sich die Aufschrift »Rosenthal 1914–1918«. Vorsichtig wurde nun weitergegraben, Erdschicht um Erdschicht freigelegt. Zum Vorschein kamen schließlich Kaffeekannen, Eßteller, Mokkatassen, Glasgefäße, Waffen und Munition.

Von der Kiste selbst fand man nur noch zerbröselte Reste – das Holz hatte sich im feuchten Erdreich fast vollständig zersetzt. Auch der Munition und den Waffen, darunter Jagdgewehre, Pistolen und Hirschfänger, war das Versteck unter dem Sägewerk nicht bekommen. Die Metallteile waren hoffnungslos verrostet, die Holzschäfte zerfielen unter Fingerdruck zu Staubkrümeln.

Weitaus besser erhalten waren hingegen die restlichen Fundstücke. Penibel listete die Stasi in einer zehnseitigen Übersicht insgesamt 153 Einzelteile auf, darunter Porzellanfiguren und Silberschalen, Glaspokale und Kristallkaraffen, Eß- und Kaffeeservices.

Zwei Wochen später, am 11. November, wurden die Fundstücke dem Köpenicker Kunstgewerbemuseum in Berlin zur Begutachtung vorgelegt. Allerdings waren sie da nicht mehr komplett: Eine 21 Zentimeter hohe Alabasterfigur mit der Aufschrift »E. Seger« hatte bei der Stasi ebenso schon einen Liebhaber gefunden wie eine silberne Schatulle mit den Ausmaßen 16,5 x 4,5 Zentimeter, in der sich alte Briefmarken befanden.

Der Direktor des Köpenicker Museums, Wolfgang Henning, taxierte den Wert der übergebenen Kunstgegenstände – die eigenen Ankaufsmöglichkeiten seines Museums zu Grunde gelegt – auf insgesamt 21 510 Mark. Fünf Stücke stufte er als Kulturgut der Kategorie III ein. Die übrigen Stücke seien nicht zu klassifizieren und könnten lediglich Einzelbeträge zwischen 100 und 600 Mark erzielen, teilte er mit. Für einige Silbertabletts allerdings, die jedoch noch restauriert werden müßten, wäre das Museum bereit, bis zu 4 000 Mark zu zahlen.

Erich Mielke wurde von Oberst Manfred Heilmann, Chef der IX/7, über die Begutachtung des Fundes durch das Köpenicker Museum ins Bild gesetzt. Der Stasi-Minister war zufrieden. Am 19. November 1986 stimmte er dem Vorschlag von Oberst Heilmann zu, wie der Besitz der Grafenfamilie gewinnbringend vermarktet werden könnte. Danach erhielt das Kunstgewerbemuseum zur Komplettierung seiner Sammlung zwei der fünf Kulturgutstücke aus dem Fund: eine Tasse mit Untertasse aus dem Jahre 1820 und eine porzellane Korbschale von 1908, in Form und Dekor dem 18. Jahrhundert nachempfunden. »Damit wird gleichzeitig eine gute Basis für die weitere Zusammenarbeit gelegt«, begründete Heilmann seine »Großzügigkeit«.[5]

Die restlichen Fundstücke, auch die minderwertigen und wertlosen Teile, wurden dem KoKo-Vize Manfred Seidel »zur Veräußerung über den Staatlichen Kunsthandel« übergeben.[6]

142

Im Sägewerk des ehemaligen Gutes legte die Stasi nach der Abreise des Grafen von Bergen heimlich Teile des Familienerbes frei, um diese später gegen Devisen im Ausland zu verkaufen.

Am 11. Dezember 1986 quittierte der K&A-Mitarbeiter Marx die Übergabe von weit über 100 Wertgegenständen, die aus dem Sägewerk stammten. Von den zuvor dem Köpenicker Kunstgewerbemuseum vorgelegten Fundstücken fehlte allerdings eine Position: acht Dessertglasschälchen, gefertigt in den zwanziger Jahren in Italien. Diese hatte das MfS offenbar als weiteren Finderlohn einbehalten.

Der Graf selbst wurde nicht informiert und sollte offenbar leer ausgehen. Doch der Pastor des Dorfes, dem der Fund zu Ohren gekommen war, setzte von Bergen ins Bild. Der rief umgehend in Ost-Berlin bei Schalck-Vize Manfred Seidel an und pochte auf Herausgabe der gefundenen Gegenstände.

Am Ende fand die KoKo einen Dreh, wie letztlich alle Beteiligten von dem Fund profitieren konnten: Die K&A verkaufte das Porzellan für 8 000 DM an einen westdeutschen Antiquitätenhändler, der mit von Bergen befreundet war. Der Graf konnte so das Porzellan für die gleiche Summe in seinen Besitz nehmen.

Wie konspirativ innerhalb des Ministeriums der Fall von Bergen behandelt wurde, zeigt übrigens folgendes Detail: Erst eine Woche nach der Übergabe der Fundstücke an die KoKo, am 18. Dezember 1986, legte die Abteilung IX/7 offiziell einen Untersuchungsvorgang »Fund von Kunst- und Kulturgut aus dem ehemaligen Besitz eines BRD-Bürgers« an. Schon drei Wochen später, am 8. Januar 1987, wurde der Vorgang wieder geschlossen und archiviert. Der 131 Seiten starke Band »ist gesperrt abzulegen«, wies der Abteilungsleiter Oberst Heilmann an.

Die Legende vom Toplitzsee

Belastungsmaterial in 100 Meter Tiefe?

»Was wolln's da?« Auf diese Frage muß man im österreichischen Gössl gefaßt sein, fragt man als Auswärtiger
nach dem Weg zum Toplitzsee. Die Leute in dem kleinen Dorf im Ausseer Land sind mißtrauisch, interessieren sich Fremde allzusehr für den malerisch gelegenen,
schwer zugänglichen Gebirgssee. Hat der Toplitzsee
doch in den vergangenen Jahrzehnten nach Kriegsende
für zuviele Schlagzeilen gesorgt, zuviele Tote gefordert,
zuviele zwielichtige Figuren angelockt.

Das hat weniger damit zu tun, daß der See zwischen
1943 und 1945 von der Kieler Marineversuchsanstalt
als Testgebiet für neue Waffensysteme genutzt worden
war, sondern eher damit, daß hier ein Nazi-Schatz versenkt worden sein soll.

Tatsächlich waren in den letzten Kriegstagen 1945
mehrere SS-Trupps mit Lastkraftwagen an das Ufer gefahren und hatten Holzkisten in dem hundert Meter tiefen See versenkt. Über den Inhalt der Kisten wird seitdem spekuliert: Goldbarren und Geldbündel hätten
sich darin befunden, auch eine Liste mit den Geheimkonten der SS im Ausland.

Daß man auf dem Grund des Toplitzsees den Nazi-
Schatz oder Hinweise auf geheime Konten finden kann,
hält man im Wiener Bundesinnenministerium aller-

Der Toplitzsee, nordöstlich von Bad Aussee im Salzkammergut, liegt am Rande des Toten Gebirges. Als besonders tiefer Bergsee wurde er von den Nazis benutzt, um hier 1945 geheime Dokumente zu entsorgen.

dings für Phantasterei. Warum hätten die Nazis Kisten voller Gold und wichtiger Dokumente in einem See versenken sollen, der so tief ist, daß man sie nur unter größtem Aufwand wieder bergen kann?

Nur einmal, im Jahre 1963, hatte die österreichische Regierung nach den Kisten tauchen lassen. Damals holte man einige aus der Tiefe herauf. Sie enthielten jedoch kein Gold oder Kontenaufstellungen, sondern Verwaltungslisten aus Konzentrationslagern und gefälschte Pfundnoten, die in der von der SS befehligten »Operation Bernhard« im KZ Sachsenhausen produziert worden waren.

Dennoch heizten die Funde das »Toplitzsee-Fieber« noch an. Bis in die achtziger Jahre hinein beobachteten Dorfbewohner aus Gössl wiederholt Autos mit zugehängten Kennzeichen, die nächtens an das Seeufer fuhren. Immer wieder starteten Unbekannte zu gewagten Tauchaktionen. Ein junger Mann ertrank, ein anderer stürzte bei einer Klettertour am See ab, auch ein Kleinflugzeug verunglückte in der Nähe. Und nicht nur die österreichischen Behörden beobachteten das Treiben am Toplitzsee mit Argwohn; auch die Stasi schickte Spähtrupps und pflegte Kontakte zu einer dubiosen »Forschungsgemeinschaft Toplitzsee«.

Diese »Forschungsgemeinschaft« hatte sich 1962 gegründet und bestand aus einschlägig bekannten NS-Gestalten: Obersturmbannführer Otto Skorzeny, Mussolini-Befreier und gesuchter Kriegsverbrecher, gehörte ebenso dazu wie der bis zu seinem Tod am 27. Juli 1999 unweit des Toplitzsee lebende Obersturmbannführer Wilhelm Höttl, Vertrauter von Ernst Kaltenbrunner, dem Chef des Reichssicherheitshauptamtes (RSHA),

und Freund von Adolf Eichmann, Leiter des Judenrefe-
rats im RSHA; ein ehemaliger Amtschef im Propagan-
daministerium von Goebbels, Gerhard Bartsch, agierte
als »Pressereferent« der Gruppe; und als »beratende
Mitglieder« tauchten zudem noch Dr. Gerhard Gyssling
auf, früherer Spitzenbeamter in Ribbentrops Außen-
amt, und Friedrich (Federico) Schwend, Chefverteiler
der in der »Operation Bernhard« hergestellten falschen
Pfundnoten.[1]

Den Vorsitz der »Forschungsgemeinschaft« hatte
Heinz Riegel inne, ein undurchsichtiger Schwend-
Freund, der über seine Rolle in der NS-Zeit wider-
sprüchliche Angaben macht. So bezeichnet er sich einmal als Antifaschist und Deserteur der Wehrmacht[2], um
bei anderer Gelegenheit ein Schreiben von Friedrich
Schwend zu präsentieren, in dem dieser bestätigt, daß
Riegel »vom 1.3.1942 bis Kriegsschluß dem SS-Panzer-
korps angehört hat und aufgrund seiner Sprachkennt-
nisse und Anpassungsfähigkeiten für Sondereinsätze
beordert wurde, wo er vollkommen selbständig arbeiten konnte«.[3]

Fest steht, daß sich Riegel bis in die achtziger Jahre
hinein dafür einsetzte, ein geheimes Konto von Schwend,
daß dieser bei der »Societé Génerale Surveillance« in
Genf unterhielt, freizubekommen. Den Auftrag dafür
hatte er von Schwend persönlich erhalten, den er über
dessen Freund – und Mitarbeiter bei der »Operation
Bernhard« – Dr. Gyssling kennengelernt hatte.

Schwend hatte sich nach dem Krieg zunächst dem US-
Geheimdienst angedient, war dann aber in englische
Gefangenschaft geraten und floh schließlich mit Hilfe
des Vatikans nach Südamerika. In Peru verdingte sich
Schwend als Berater der Geheimpolizei und vermehrte

sein Vermögen durch Waffen- und Devisengeschäfte mit mehreren lateinamerikanischen Staaten. Dabei kam ihm entgegen, daß er als Vertreter verschiedener westdeutscher Rüstungskonzerne auftreten konnte. Daneben war Schwends Anwesen in Lima auch Anlaufstelle vieler geflohener Nazi-Größen, die in ihm als Protagonisten der »Operation Bernhard« einen Verwalter der NS-Fluchtgelder vermuteten.

Ein Mann wie Schwend, der über so weitreichende Verbindungen in das NS-Geflecht verfügte, war für die Stasi natürlich von besonderem Interesse.

Und so war die »Forschungsgemeinschaft Toplitzsee« auch gerade erst wenige Wochen alt, als Heinz Riegel Post aus Ost-Berlin bekam. »1962 hat mir ein Julius Mader einen Brief geschrieben, in dem er sein großes Interesse an unseren Forschungen am Toplitzsee kundtat«, erinnert sich Riegel.[4] »Ich sollte ihm an eine Postfach-Adresse in Ost-Berlin, Französische Straße, schreiben, ob ich zu einem Treffen mit ihm bereit sei. Natürlich habe ich zugesagt.«

Zweimal fuhr Heinz Riegel damals in die DDR und sprach mit Mader. Der horchte ihn intensiv aus über die »Forschungsgemeinschaft«, über Riegels Wissen zum Toplitzsee und zu Personen, die mit ihm in Verbindung standen. »Das größte Interesse hatte er an Schwend, dessen Adresse ich ihm auch übergab. Ich weiß, daß sich Mader mit ihm später in Verbindung setzte.«[5]

Julius Mader war der international bekannteste DDR-Autor von Fachliteratur zum Thema Geheimdienste. Bis Ende der achtziger Jahre hatte Mader weltweit 32 Bücher veröffentlicht, die in 121 Auflagen und 5,2 Millionen Exemplaren in 18 Sprachen erschienen waren. In diversen Zeitungen des In- und Auslandes waren Tausende seiner Artikel erschienen; allein in der DDR-Illustrierten *NBI* schrieb Mader seit 1972 eine wöchentliche Kolumne unter der Überschrift »Geheimdienste«. Für das größte Aufsehen sorgten seine in den sechziger Jahren erschienenen und später mehrfach aktualisierten Bücher über den westdeutschen Bundesnachrichtendienst und den amerikanischen Geheimdienst CIA, darunter Veröffentlichungen über Mitarbeiter (»Who's who in CIA«) und Tarnorganisationen (»Gelbe Liste: Wo ist die CIA?«), sowie über Struktur und Arbeitsweise des BND (»Nicht länger geheim!«).

Für den BND galt Mader bis zur Wende in der DDR als Phantom. Sie vermuteten hinter dem »freischaffenden Schriftsteller« keine wirklich existierende Person, sondern die für Desinformation zuständige HVA-Abteilung X, deren wechselnde Autoren unter diesem Pseudonym ihre Erkenntnisse über die westlichen Geheimdienste verbreiteten.

Tatsächlich lebt der am 7. Oktober 1928 im tschechischen Radzcin geborene Julius Mader noch heute, sehr zurückgezogen, in Berlin-Karlshorst. Zwar war er keine Erfindung der Stasi, sein umfangreiches publizistisches Werk und damit auch sein Leben waren aber aufs engste mit dem MfS verbunden.

Schon 1958 war die Stasi auf den Journalisten aufmerksam geworden, als der damals noch als Wirtschaftsredakteur tätige Mader an einer Dokumentation über den amerikanischen Geheimdienst arbeitete. Ohne Zögern stimmte Mader seinerzeit einer inoffiziellen Mitarbeit zu, die 1960 in den Rang einer hauptamtlichen inoffiziellen Mitarbeit (HIM »Dokument«) erhoben wurde. 1962 bestätigte ihn Minister Mielke als

Offizier im besonderen Einsatz (OibE), zwei Jahre später beförderte er ihn zum Major. Fortan war OibE Mader – seine Decknamen wechselten von »Julius« über »X 54«, »Jäger« und »Thomas Bergner« zu »Faingold« – auch Waffenträger: Am 23. Mai 1964 quittierte er den Empfang einer Pistole Walter PP mit 14 Schuß Munition.[6]

Maders Verbindungspartner war zunächst die Abteilung Agitation, später die Abteilung 6 der Zentralen Auswertungs- und Informationsgruppe (ZAIG) des MfS, die unmittelbar Mielke unterstand. Zwischendurch, 1973, versuchte die HVA, Mader alias »Faingold« als operativen Mitarbeiter »für die Bekämpfung des Feindes im Operationsgebiet« zu rekrutieren. Die für Desinformation zuständige Abteilung X der HVA wollte vor allem Maders persönliche Beziehungen zu Journalisten, Wissenschaftlern und anderen »Multiplikatoren« in der Bundesrepublik und dem westlichen Ausland für das Lancieren von Informationen und eigenen Artikeln nutzen. Auch spekulierte man auf Maders »umfangreiches Adressenmaterial von Personen, Institutionen und Organisationen«, die man in »gezielte Briefaktionen« einbeziehen könne. Als Zielgebiete konzentrierte sich die HVA/X auf die Bundesrepublik, Österreich, Italien, Luxemburg, Schweden, Norwegen, Dänemark, Frankreich und die USA. Doch Mader lehnte ab – er wolle weiter als Publizist »mit offenem Visier« arbeiten, ließ er die HVA-Werber wissen.[7]

Die Liaison mit der MfS zahlte sich für Mader aus. Neben seinem OibE-Gehalt bekam er jährlich 2 000 Mark von der Stasi für »Wirtschaftsausgaben« wie Telefongebühren, Porto- und Energiekosten. In der Karlshorster Rheingoldstraße, zwischen Stasi-Objekten und

KGB-Villen, hatte ihm das MfS ein Einfamilienhaus zur Verfügung gestellt, in dem er wohnen und arbeiten konnte. Nebenbei kassierte Mader in nicht unerheblicher Höhe Honorare für seine journalistische und publizistische Tätigkeit. Eine genaue Übersicht über diese Einnahmen, so räumte Maders Führungsoffizier Major Hempel 1985 ein, existiere beim MfS jedoch nicht.

Zu diesem Zeitpunkt hatte sich das einst so enge und fruchtbare Verhältnis Maders zum MfS bereits erheblich abgekühlt. Seit 1980 waren immer seltener Aufträge von der Stasi eingetroffen, was der egozentrische Spionageautor vielleicht noch hätte verwinden können. Gleichzeitig aber war auch der Materialfluß aus der Normannenstraße fast zum Versiegen gekommen, was nicht ohne Einfluß auf Maders journalistische Arbeit blieb.

Und so beklagte sich Mader dann auch in einem Parteigespräch am 22. August 1985 bitterlich bei seinem Führungoffizier Hempel: Er habe den Eindruck, man wolle ihn am langen Arm verhungern lassen, obgleich in der fünfundzwanzigjährigen Zusammenarbeit so viel Wichtiges und Nützliches entstanden sei. Nicht einmal habe sich ein Parteisekretär des MfS zu ihm nach Karlshorst verirrt, auch habe er niemals eine Urlaubsreise vom MfS angeboten bekommen, jammerte Mader. Zwar habe man 1980 versprochen, ihm regelmäßig eine BRD-Zeitschrift zur Auswertung zuzustellen. Aber das sei ebensowenig umgesetzt worden wie seine Bitte, an sicherheitspolitischen Vorträgen in der SED-Kreisleitung teilnehmen zu dürfen. Hätte er noch einmal die Wahl einer Zusammenarbeit mit dem MfS, würde sie heute höchstwahrscheinlich nicht zugunsten des Ministeriums ausfallen, schleuderte er Hempel ins Gesicht.

Deshalb wolle er teilberentet werden und aus dem Mielke-Ministerium ausscheiden.

Beim MfS entschloß man sich, den Kontakt zu Mader wieder zu intensivieren. Gleichzeitig bewahrte man aber eine gewisse Distanz zur »Diva«, wie Mader hinter vorgehaltener Hand genannt wurde. Anlaß war sein in den achtziger Jahren erschienenes Buch über die »Rote Kapelle«, das auf Grund seiner ausgewogenen und kritischen Darstellung der sowjetischen Spionageorganisation im Zweiten Weltkrieg in den westdeutschen Medien ausdrücklich gelobt worden war. Das aber hatte die Schmalspur-Ideologen in SED und Stasi stutzig gemacht, die eine Neuauflage des Buches daraufhin – trotz mehrfacher Intervention des Autors – erfolgreich verhinderten.

Um Mader abzulenken, verschaffte ihm die HVA/X einen Studienaufenthalt im sowjetisch besetzten Afghanistan. Anschließend stellte sie ihm umfangreiches Material zur Verfügung, damit er eine Broschüre über die CIA-Tätigkeit in Afghanistan veröffentlichen konnte. Auch mit Auszeichnungen hielt die Stasi den Autor bei Laune: 1988 erhielt er den Vaterländischen Verdienstorden in Silber, am 7. Oktober 1989 verlieh ihm Armeegeneral Mielke die »Ehrenmedaille zum 40. Jahrestag der DDR«.

Wenig später war es mit dem MfS vorbei. Mader zürnt den alten Genossen noch heute und geht allen Veteranentreffen strikt aus dem Weg. Mit denen von der Stasi, so wettert er, will er nichts mehr zu tun haben.

Mader nun war es, der sich 1962 an die »Forschungsgemeinschaft Toplitzsee« heranmachte und deren Vorsitzenden Heinz Riegel mehrmals kontaktierte. Ihn interessierte dabei besonders die »Operation Bernhard« aus den Kriegsjahren.[8]

Riegels Kontakte zur Stasi rissen in den Folgejahren nicht ab. Das belegen Dokumente aus den spärlichen MfS-Unterlagen, die in den Archiven noch zum Thema Toplitzsee vorhanden sind. So findet sich hier überraschenderweise Riegels Schriftverkehr mit Schwend sowie mit deutschen und österreichischen Behörden, bei denen Riegel wiederholt um Erlaubnis zu Tauchfahrten in dem Bergsee nachsucht. Wie dieser Schriftverkehr ins Archiv der Stasi gekommen ist, kann nicht belegt werden. Ebenso unklar ist die Frage, was Riegel seinerseits von den Stasi-Kontakten hatte.

Riegel selbst setzte alles daran, die Verbindungen zur Stasi zu bagatellisieren. Selbstverständlich habe er nicht gewußt, daß Mader vom MfS sei, behauptete er. Überhaupt sei die Verbindung nach Ost-Berlin eher locker gewesen.[9] Die Informationen, die er über Schwend, Skorzeny, Höttl, Gyssling und die anderen alten Kameraden aus der Nazi-Camarilla lieferte, wurden von der HVA auf jeden Fall gierig aufgesogen. Boten sie doch die Gelegenheit, die Aussagen einer anderen zweifelhaften Nazi-Quelle gegenzuprüfen, die die HVA 1965 rekrutiert hatte: IM »Cäsar«.

Der DDR-Botschafter in Kairo ringt um Fassung. Noch neu auf dem Posten, fürchtet er jeden Ausrutscher in dieser Zeit – man schreibt das Jahr 1965 –, da die DDR um diplomatische Anerkennung in der westlichen Welt ringt. Und dann dieses: Da fährt ein amerikanischer Straßenkreuzer auf den Hof der Botschaft, dem Wagen entsteigt ein braungebrannter Deutscher, der sogleich eine Depesche an das Ministerium für Staatssicherheit

154

Absender:

Alter:

Beruf:

Unter den Einsendern der Karten verlosen wir
jährlich signierte Bücher unseres Verlages.

Ch. Links Verlag
KulturBrauerei
Schönhauser Allee 36/Haus S

D – 10435 Berlin

Ch.Links

Liebe Leserin, lieber Leser,

mit dem Kauf dieses Buches zeigten Sie Interesse an unserem Programm. Wenn Sie die Postkarte an uns zurückschicken, informieren wir Sie jährlich kostenlos über unsere Neuerscheinungen. Selbstverständlich gibt Ihnen auch Ihre Buchhandlung gern Auskunft zu unserem Programm. Oder Sie besuchen uns im Internet unter **www.linksverlag.de**!

Ich interessiere mich für folgende Sachgebiete:

☐ Politik / Zeitgeschichte
☐ Geschichte in Bild und Text
☐ Lebenswelten / Lebenshilfe
☐ Biographien / Porträts
☐ Literarische Publizistik
☐ Kultur / Musik / Theater
☐ Forschungen zur DDR-Gesellschaft

Aufmerksam wurde ich auf das Buch durch:

☐ eine Buchbesprechung
☐ eine Anzeige
☐ eine Fernsehsendung
☐ eine persönliche Empfehlung
☐ Zufall
☐ meine Buchhandlung
☐ das Internet / die Verlags-Homepage

Diese Karte habe ich folgendem Buch entnommen: _____

Kommentar, Hinweise, Kritik: _____

in Ost-Berlin loswerden will. Das kann nur eine Provokation des US-Geheimdienstes sein, ist sich der Botschafter sicher.

Dennoch sendet der Diplomat, als der obskure Gast wieder weg ist, das gewünschte Telex nach Ost-Berlin: »Schöne Grüße an Rolf Weimar, erwarte dringend Kontakt.« Empfänger: die Spionage-Hauptverwaltung A des MfS.

Als »Rolf Weimar« alias Rolf Wagenbreth, Leiter des HVA-Referats 7 F, in der Ost-Berliner Normannenstraße das Telegramm auf den Tisch bekommt, ruft er gleich seinen Mitarbeiter Rolf Rabe, Arbeitsname: »Rolf Richter«, heran und verkündet ihm freudestrahlend: »Cäsar ist wieder da.«

Unter dem Decknamen »Cäsar« führte die HVA zwischen 1965 und 1989 den westdeutschen Verleger Helmut Cramer in ihren Akten. Cramers Ring-Verlag vertrieb in den sechziger Jahren in der Nähe von St. Augustin bei Bonn SS-Literatur. Als ihm 1964 deswegen der Prozeß gemacht wurde, floh Cramer nach Ägypten. Nach der deutschen Vereinigung ermittelte der Generalbundesanwalt gegen Cramer wegen des Verdachts der nachrichtendienstlichen Agententätigkeit.

Daß er sich einmal mit einem kommunistischen Geheimdienst einlassen werde, hätte sich der stramm rechte Verleger noch 1962 wohl kaum vorstellen können. In jenem Jahr begann Cramer, in seinem Verlag die Schriftenreihe »Für Deutschland« zu verlegen. Mit den eher dilettantisch verfaßten Büchern wollte der einstige SS-Unterscharführer die deutsche Jugend über den »heldenmütigen Kampf der Waffen-SS« informieren. Kritikern an seinem Konzept hielt er stets Zitate von Konrad Adenauer und Franz-Josef Strauß entgegen, die

Mitglieder der mörderischen Elite-Truppe wiederholt als »hervorragende Soldaten« würdigten, die »Hochachtung« verdienten.

Aber auch diese prominenten Zeugen halfen Cramer nicht, als ihm 1964 der Prozeß gemacht wurde, weil er »verfassungsverräterische Publikationen« veröffentlicht hatte. Insbesondere die von Cramer herausgegebene Biographie des SS-Obersturmbannführers und Geheimagenten Hitlers, Otto Skorzeny, hatte das Faß zum Überlaufen gebracht.

Der geborene Österreicher Skorzeny war während der Nazi-Zeit Chef des militärischen Geheimdienstes der SS. Mit einer Sondereinheit verübte das »Narbengesicht«, wie er wegen eines Schmisses genannt wurde, hinter den gegnerischen Linien Massaker an der Zivilbevölkerung. Berühmt machte ihn 1943 die Befreiung Mussolinis, der nach seiner vorübergehenden Entmachtung auf dem Gipfel des Gran Sasso inhaftiert war. Als die Amerikaner den SS-Mann am Ende des Krieges gefangennahmen, baute Skorzeny aus dem Internierungslager heraus eine Fluchthilfe-Organisation für ehemalige Nazis auf, die ODESSA – die »Organisation der ehemaligen SS-Angehörigen«.

Von diesem Mann versprach sich Cramer, da ihm in Deutschland der Prozeß drohte, Hilfe. Er fuhr nach Madrid und traf dort Skorzeny. Doch der legendenumwobene SS-Mann, der nach dem Krieg für die CIA, den Bundesnachrichtendienst und sogar den israelischen Geheimdienst arbeitete, zeigte sich zunächst ablehnend. Enttäuscht fuhr Cramer zurück nach Deutschland.

Wieder daheim in Niederpleis bei Bonn schrieb Cramer in seiner Verzweiflung an einen Schwager in Dresden, einen Professor für Arbeitsrecht. Die Stasi fing den

156

Brief ab, das Schreiben landete bei der HVA. Dort war Anfang der sechziger Jahre das Referat 7 F geschaffen worden, mit dem man Nazis und Kriegsverbrechern nachspürte, um sie für operative oder propagandistische Zwecke auszunutzen.

Als Cramer kurze Zeit später zu einem Besuch seines Schwagers in Dresden weilte, klopften zwei Herren des Ministerrates an die Tür und baten um ein diskretes Gespräch. Vielleicht könne man ihm helfen, man habe da so seine Möglichkeiten, sagten sie. Cramer willigte ein. Beim nächsten Treff übergab er den beiden Herren eine Liste mit den Namen von bundesdeutschen Richtern, Staatsanwälten und Verteidigern, die eine braune Vergangenheit hatten.

Bei soviel Offenheit wollten auch Cramers Gesprächspartner nicht länger hinter dem Berg halten und gaben sich als Mitarbeiter der HVA zu erkennen. Den Verleger aus Niederpleis schien das nicht abzuschrecken. »Der war so von Rache beseelt, daß er sich bereit erklärte, mit uns zusammenzuarbeiten«, erinnert sich ein HVA-Mitarbeiter an das Gespräch mit Cramer.

Um seine Insiderkenntnisse zu belegen, präsentierte Cramer seinen Gegenübern noch stolz ein Erinnerungsfoto aus Madrid: Der Verleger neben dem »Narbengesicht« Skorzeny. »Wir waren wie elektrisiert«, erinnert sich der Stasi-Offizier. »Noch am selben Abend gaben wir das Bild an Markus Wolf weiter. Der war begeistert.«[10]

Tatsächlich war die HVA in jener Zeit vorrangig damit befaßt, Informationen über ein mögliches Netzwerk ehemaliger SS-Angehöriger und Nazi-Funktionäre zu sammeln. Ziel war es, den Hort dieser vermuteten Organisation in Bonner Regierungskreisen zu orten und der Weltöffentlichkeit dafür die Beweise zu liefern. Ein Mann wie Cramer, mit persönlichen Kontakten zum ODESSA-Chef Skorzeny – kam da gerade gelegen.

Doch bevor die HVA ihre »Ehe« mit Cramer alias »Cäsar« überhaupt vollziehen konnte, war der Verleger verschwunden. Im April 1965 meldeten westdeutsche Zeitungen, daß Cramer mit unbekanntem Ziel abgereist sei. Die Tatsache, daß der Verleger dabei 20 000 Bücher aus seinem versiegelten Lager mitnehmen konnte, ließ Spekulationen über Fluchthelfer im Amtsapparat wuchern.

Ein halbes Jahr später, im September 1965, meldete sich Cramer mit einer internationalen Pressekonferenz in Kairo in der Öffentlichkeit zurück. Aus der Ferne drohte der Exilant mit Enthüllungen über die Nazi-Vergangenheit westdeutscher Politiker, Juristen, Publizisten und Diplomaten. Er sei im Besitz von »umfangreichem Belastungsmaterial«, sagte Cramer den Journalisten und drohte, dies über die britische Presse oder die DDR-Nachrichtenagentur ADN zu veröffentlichen.

Die Flucht nach Ägypten war ein letzter »Liebesdienst« des alten Kameraden Skorzeny gewesen. Der hatte Cramer ein Empfehlungsschreiben an den ägyptischen Präsidenten Gamal Abdel Nasser, einen großen Bewunderer Skorzenys, mitgegeben. Das Schreiben öffnete in Kairo alle Türen. Nasser selbst wies dem flüchtigen Verleger ein verlassenes britisches Konsulatsgebäude am Stadtrand der Hauptstadt zu.

Cramer und seine Familie konnten sich jedoch nicht mit der neuen Umgebung anfreunden. Ein Sohn wurde krank, die Frau litt unter Heimweh, und Cramer selbst konnte wohl nicht die hohen Erwartungen Nassers, der sich von ihm Hilfe im Kampf gegen die verhaßten Israelis versprochen hatte, erfüllen. Und so kam es, daß der Deutsche eines Tages eben in der Kairoer DDR-Botschaft aufkreuzte und die Herren »Weimar« und »Richter« von der Stasi zu sprechen wünschte.

Die HVA ließ Cramer in der Folgezeit ein paarmal über Schönefeld nach Ost-Berlin einfliegen und stellte ihm auch eine Mitarbeiterin zur Seite, die »Cäsar« die einsamen Abende in der DDR-Hauptstadt versüßte. Doch die Treffgespräche mit den Führungsoffizieren plätscherten öde dahin. Die Hoffnung, Cramer könne die ODESSA-Verbindungen aufklären oder zumindest Skorzenys personelles Umfeld aufhellen, erfüllten sich auch dann nicht, als der Verleger schließlich von Kairo wieder nach Spanien umzog.

1969 kehrte Cramer sogar in die Bundesrepublik zurück, obwohl ihm dort noch ein Strafverfahren wegen seiner Flucht drohte. Aber offenbar hatte seine Kairoer Drohung mit dem »Belastungsmaterial« ihre Wirkung nicht verfehlt – unbehelligt von den deutschen Behörden bezog der Verleger ein Einfamilienhaus in Scheurenmühle, nur wenige Kilometer von seiner einstigen Wirkungsstätte in Niederpleis entfernt.

Nur vom Verlegen von Büchern hatte Cramer offenbar die Nase voll. Er gründete eine Firma und stieg in den Textilhandel mit der DDR ein.

Natürlich mit Unterstützung der HVA. In einem Schreiben von 1969 bat die HVA den stellvertretenden KoKo-Chef Manfred Seidel, mit der Firma des Verlegers Helmut Cramer in Scheurenmühle Kontakt aufzunehmen. Seidel reichte die »Bitte« an den Bereich Textilvertretungen der KoKo-Firma Transinter weiter. Verbunden mit der Weisung, Geschäfte mit Cramer zu machen, »um seinen Ruf bei einigen westdeutschen Firmen zu erhöhen«.

Auch wenn Cramer fortan nur noch mit Büstenhaltern und Damen-Dessous handelte, blieb sein Kontakt mit der HVA in Ost-Berlin bis zur Wende im Herbst 1989 erhalten. Ob er der Stasi noch wertvolle Informationen geliefert hat, prüften 1997 die Ermittler vom Bundeskriminalamt.[11]

Mitte der siebziger Jahre resignierte die Stasi und verzichtete auf weitere Nachforschungen Cramers zum Netzwerk der Nazis. »Wir hatten zwar den einen oder anderen Vorgang aufgeklärt, ein mögliches Netzwerk oder eine Verbindung in Bonner Regierungskreise konnten wir jedoch nicht nachweisen«, berichtet ein HVA-Mitarbeiter.[12]

Einen Erfolg aber verschaffte Cramer der Stasi dennoch. Ende der sechziger Jahre schickte er dem »Sektor Wissenschaft und Technik« der HVA eine angeblich geheime Rasenmischung aus Spanien. Ein dortiger Autobahn-Baubetrieb hatte die besonders resistente Grassamen-Mixtur ausgetüftelt. Für diese operative Leistung kassierte Cramer von der HVA 2000 Mark.[13]

Auch ein anderes Mitglied der dubiosen »Forschungsgemeinschaft Toplitzsee«, Walter Tarra, ein Anrainer des Toplitzsees aus Gössl, bekam mehrfach Besuch aus der DDR. Tarras Vater gilt als wichtiger Zeuge für die Versenkungsaktion in dem unergründlichen Bergsee, hatte sich aber einer Mitarbeit in der »Forschungsgemeinschaft« stets widersetzt – als ehemaliger Widerstandskämpfer wollte er, anders als sein Sohn, mit alten SS-Leuten nichts zu tun haben.

Julius Mader sei ein paar Mal dagewesen, bestätigte

Österreichische Widerstandskämpfer und US-Militärs nach der Ent-
tarnung von Nazi-Verstecken im Ausseer Land im Jahre 1945. Auf
der vergrabenen Kiste war die Aufschrift angebracht »Vorsicht Marmor«.

Walter Tarra, auch andere Männer aus Ost-Berlin hätten sich bei ihm von Zeit zu Zeit gemeldet. Fragt man nach deren Absichten, wird Tarra wie Riegel einsilbig: So genau könne er sich nicht mehr daran erinnern.[14]

Anonym bleibende Stasi-Offiziere bestätigen hingegen, daß zumindest in den sechziger und siebziger Jahren ein regelmäßiger Kontakt zu der »Forschungsgemeinschaft« bestand. Angeblich sei diese sogar finanziell unterstützt worden. Zunächst sei es darum gegangen, daß Riegel und dessen Leute mit öffentlichkeitswirksamen Auftritten die österreichische Regierung diskreditieren sollten. »Wien weigerte sich, den Toplitzsee systematisch auf Kisten aus der Nazi-Zeit abzusuchen«, erinnert sich ein Stasi-Offizier. »Wir benutzten dies dazu, öffentlich den Eindruck zu erwecken, die Regierung fürchte den Inhalt der Kisten, weil in ihnen die Namenslisten ehemaliger Nazis liegen, die nach dem Krieg Karriere in Österreich und der Bundesrepublik gemacht hatten.«[15]

Dazu paßte, daß 1964 mit großem propagandistischen Getöse aus dem Schwarzen See im Böhmerwald an der tschechoslowakisch-westdeutschen Grenze mehrere Kisten geborgen wurden, die angeblich von den Nazis kurz vor Kriegsende dort versenkt worden waren. In diesen Kisten befanden sich brisante Dokumente aus dem Reichssicherheitshauptamt und Personalunterlagen aus der NS-Zeit, wie Innenminister Strougal auf einer internationalen Pressekonferenz Mitte September 1964 in Prag verkündete. Jahre später stellte sich heraus, daß die Aktion »Neptun« eine gemeinsame Operation des KGB und der für Desinformation zuständigen Hauptabteilung D des tschechoslowakischen Staatssicherheitsministeriums StB gewesen ist. Die Kisten waren vom Prager Geheimdienst selbst versenkt worden, die angeblich gefundenen Dokumente stammten aus Moskauer Archiven.[16]

Als sich die Wogen der öffentlichen Erregung um den Toplitzsee in den siebziger Jahren etwas geglättet hatten, änderte sich auch das Interesse der Stasi an dem Bergsee. Mit dem – durch die 1975 unterzeichnete KSZE-Akte – einsetzenden Tauwetter in den Ost-West-Beziehungen entspannte sich auch das Verhältnis zwischen Ost-Berlin und Wien. Es ging nun nicht mehr um die propagandistische Auswertung der in dem See vermuteten Nazi-Kisten. Mielkes Mannen betrachteten das Mysterium unter einem eher geschäftlichen Blickwinkel. War es möglich, eigene Tauchertrupps bei Nacht und Nebel in den Toplitzsee hinabsteigen zu lassen, um an die in den Kisten vermuteten Bestände an Gold und gefälschten Pfundnoten zu gelangen? Es habe solche Überlegungen gegeben, bestätigt ein Stasi-Informant. Eine kleine Gruppe von Spezialtauchern habe im Ausland das Bergen von versenkten Gegenständen aus großer Tiefe trainiert; spezielle Kommandos hätten gleichzeitig, als Touristen getarnt, die Örtlichkeiten in Gössl und am Toplitzsee erkundet. Angeblich sei das Unternehmen aber kurz vor seiner Ausführung von ganz oben gestoppt worden. Die DDR befürchtete bei einem Auffliegen der Geheimoperation diplomatische Schwierigkeiten mit Wien, die man aber auf jeden Fall vermeiden wollte. Hatte doch Österreich 1972 als erstes westeuropäisches Land die DDR anerkannt und sich bei anderen Regierungen dafür eingesetzt, gleiches zu tun.

Heute darf man auf dem Toplitzsee ohne ausdrückliche Genehmigung des Wiener Bundesinnenministeriums weder rudern noch in ihm tauchen. Zu gefährlich, lautet die offizielle Begründung. Für Walter Tarra sind diese Argumente nur vorgeschoben: »Bis heute sorgen Nazi-Seilschaften in Wien dafür, daß die Regierung ein Bergen der restlichen Kisten aus dem See verhindert.« Und warum? »Weil die Kisten politischen Sprengstoff enthalten: Einerseits Listen mit den Namen führender österreichischer Nazis, die nach dem Krieg hohe politische Ämter in unserem Land bekleideten; und zum anderen eine Aufstellung geheimer SS-Konten im Ausland, die in den letzten Kriegsjahren eröffnet wurden.«[17]

Experten schätzen das Fluchtvermögen der Nazis auf die unvorstellbare Summe von drei bis vier Milliarden Reichsmark. Die Verschiebung dieser Gelder ins Ausland, insbesondere in die Schweiz, hatte bereits im Laufe des Jahres 1944 eingesetzt. Organisator und Chefplaner dieser »Geldflucht« war nach Überzeugung des amerikanischen Publizisten Carl Oglesby Hitlers Sekretär und Leiter der Parteikanzlei, Martin Bormann.

Bormann habe erkannt, daß die militärische Niederlage der Nazis nicht mehr abzuwenden sei, eine Elite aber durchaus die Chance zum Überleben hätte. Dazu plante er an Hitler und Gestapo vorbei eine gigantische Operation, deren Ziel die Auslagerung des Nazi-Schatzes ins Ausland war, so Oglesby. Mit diesem Vermögen sollte dem Elite-Kader der Nazis zur Flucht verholfen, eine sorgenfreie Zukunft im Exil gesichert und langfristig wirtschaftlicher und politischer Einfluß gesichert werden.

Eine besondere Funktion beim Vermögenstransfer hatte Bormann der deutschen Industrie zugedacht. Im August 1944 kam es deshalb zu einem Geheimtreffen im Straßburger Hotel »Maison Rouge«. Führende Vertreter von Krupp und Bosch, von Thyssen, Volkswagen, Rheinmetall und Messerschmitt wurden dabei mit ihren Gesprächspartnern von der SS schnell handelseinig, wie ein von der alliierten Kriegsverbrecherkommission 1945 veröffentlichtes Protokoll dieser Sitzung belegt: Um nach der absehbaren Niederlage eine wirtschaftliche Nachkriegskampagne unternehmen zu können, solle jeder Industrielle »Verbindungen mit ausländischen Firmen suchen und anknüpfen«. Es müßten »Vorkehrungen getroffen werden, daß weniger prominente Parteiführer bei verschiedenen deutschen Firmen als Sachverständige untergebracht werden«. Im Gegenzug sei »die Partei bereit, den Industriellen hohe Beträge zu überweisen, die sie für den Aufbau geheimer Nachkriegsorganisationen im Ausland verwenden sollen«.

Die Wege, auf denen die Nazi-Gelder ins Ausland gelangten, waren vielfältig. So wurde auf dem Postweg in falsch deklarierten Wertbriefsendungen Bargeld aus Deutschland an Schweizer Banken versandt. Oder man schickte Geldkuriere als Diplomaten getarnt mit schweren Koffern über die Grenze.

Weitaus komplizierter war das System, mit dem vor allem ab 1944 die Geheimdepots auf Schweizer Banken angelegt wurden. So stellten die Nazis für die Konteneröffnung Zweier- und Vierer-Gruppen zusammen, sogenannte »Zwillinge« und »Quartette«. Diese Leute, die sich untereinander nicht kannten, mußten Blanko-Formulare unterschreiben, mit denen Agenten im Ausland Konten eröffneten. Die Agenten gaben die Nummern der Chiffrekonten ohne die dazugehörigen Namen an den Sicherheitsdienst. Dann kam eine weitere Gruppe von Mittelsmännern zum Zuge, die das Geld auf diese Konten einzahlte. Besonders zuverlässige Kader aus Industrie, SS, Sicherheitsdienst und NSDAP verwalteten die geheimen Nummernkonten, ohne allerdings direkten Zugriff darauf zu haben.

Nur an einer Stelle wurden all diese Namen, Nummern und Geldsummen zusammengeführt. Diese »Liste der Depositare«, die der Schlüssel zu den Geheimkonten ist und in mehrfacher Ausfertigung existieren soll, ist bis heute noch nicht aufgefunden worden. Liegt sie auf dem Grund des Toplitzsees?

Nicht nur Walter Tarra aus Gössl ist davon überzeugt. Auch Simon Wiesenthal, weltweit anerkannter Fahnder nach Alt-Nazis und dem von den deutschen Nationalsozialisten zusammengeraubten Vermögen, hält es für denkbar, daß auf dem Grund des Toplitzsees wichtige Dokumente lagern, mit deren Hilfe man die Geheimkonten der SS aufspüren könnte. »Ich weiß, daß die Liste mit den Depositaren der Konten am Kriegsende in fünffacher Ausfertigung vorlag«, sagt Wiesenthal. »Diese Listen wurden an verschiedenen Orten in den letzten Kriegstagen versteckt, vergraben und versenkt. Möglicherweise auch im Toplitzsee – dort sollte man weiter suchen.«[18]

Sollte diese Liste tatsächlich eines Tages gefunden werden, hat sie aber wohl nicht mehr als einen historischen Wert. Die Konten dürften abgeräumt, das Geld ein halbes Jahrhundert nach Ende des Krieges in nicht mehr auffindbaren Kanälen versickert sein. Dennoch aber könnte die Liste einige wichtige Fragen klären: Wieviel Geld hatten die Nazis tatsächlich beiseite geschafft? Und welche prominenten Vertreter aus Politik und Wirtschaft im Nachkriegsdeutschland gehörten zu den »zuverlässigen Kadern«, denen die Nazis die Verwaltung der Konten anvertraut hatten?

Nach Jahrzehnten der Ruhe im Ausseer Land war für den Februar 2000 ein erneuter Anlauf geplant, die im Toplitzsee vermuteten Schatzkisten zu bergen. Als Betreiber des Unternehmens stellten sich der US-Fernsehsender CBS und das Simon-Wiesenthal-Zentrum in Los Angeles vor. Die US-Firma Oceaneering Advanced Technologies Group, die schon erfolgreich nach der »Titanic« und der »Lucona« gesucht hatte, wollte ferngesteuerte U-Boote in die Tiefen des Gebirgsees schikken, um der Legende vom Toplitzsee auf den Grund zu gehen.[19]

Im Berliner Untergrund

Das Geheimarchiv der I.G. Farben

Im Februar 1944 erhält ein Züricher Fotograf einen freundlichen Brief aus Berlin. »Wir haben schon seit längerer Zeit keine Bildsendung von Ihnen erhalten und möchten uns nochmals in Erinnerung bringen. (...) Wir würden uns freuen, wenn sie uns recht bald eine größere Auswahlsendung künstlerisch gesehener Aufnahmen – besonders Hochgebirge – übermitteln könnten. Es genügen Kontaktabzüge.« Unterzeichnet ist der Brief von einem Herrn Reuter von der I.G. Farben-Niederlassung in Berlin-Kreuzberg, Lohmühlenstrasse 65-67.

Der Fotograf, der das letzte Mal 1934 der I.G. Farben Fotos mit Schweizer Gebirgsmotiven übersandte, ist verwirrt. Zehn Jahre zuvor hatte er einen Werbeauftrag des deutschen Konzerns übernommen, der mit seinen Fotografien die Leistungsfähigkeit deutscher Fototechnik demonstrieren wollte. Seitdem gab es aber nie wieder Kontakt mit dem Konzern. Auch deshalb, weil die Deutschen Krieg führten und es allen Schweizer Bürgern daher streng untersagt war, Fotos ins Ausland zu schicken. Handelte es sich also bei dem mysteriösen Brief aus Berlin um eine Falle der eigenen Abwehr? Oder ein plumpes Spionageangebot aus Deutschland?

Der Fotograf entschließt sich, an die Öffentlichkeit zu gehen. Er übergibt das Schreiben mehreren Zeitungsredaktionen, die in großer Aufmachung über das un-moralische Angebot berichten. Gleichzeitig nimmt das Polizei-Kommando Zürich, Politische Abteilung, die Er-mittlungen auf.[1]

Mehr als vier Jahrzehnte später, im September 1988, fällt einem Ost-Berliner Stadtarchivar die Lichtpause eines Stadtplanausschnitts von Berlin in die Hand. Die Kopie stammt aus dem Bestand des »Generalbauin-spektors für die Reichshauptstadt«, Albert Speer. Der Stadtplanausschnitt zeigt ein Gebiet, das von der Sie-gessäule im Westen bis zur Friedrichstraße im Osten reicht. Das einzig Auffällige an diesem Ausschnitt ist ein kleines schwarzes Rechteck, das die Grundstücke Mit-telstraße 36/37 in Berlin-Mitte umrahmt.

Der Stadtarchivar, im Nebenberuf IM »Wegener« der HVA-Abteilung II/3*, ist wie elektrisiert. Von anderen Stadtplänen aus der Speer-Behörde weiß er, daß auf ih-nen viel umfangreichere Gebiete gekennzeichnet sind, weil sie Hitlers Baumeister für seine größenwahnsin-nige Planung der Weltstadt »Germania« beanspruchte. Einzelgrundstücke wie im vorliegenden Fall wurden nur benötigt, wenn es galt, Bunker und andere unterir-dische Geheimbauten zu errichten.

---

* Die Abteilung II/3 der HV A, Leiter: Oberstleutnant Erich Gehrke, befaßte sich hauptsächlich mit der Aufklärung und Bekämpfung von Organisationen der »ideologischen Diversion« und Lands-mannschaften, insbesondere dem Bund der Vertriebenen, dem Bund der Mitteldeutschen, der Europäischen Arbeiterpartei (EAP), der Freiheitlichen Arbeiterpartei (FAP) und anderen rechtsstehenden bzw. rechtsextremistischen Gruppen. Vgl. Hel-mut Müller-Enbergs: Inoffizielle Mitarbeiter des MfS, Teil 2, Ber-lin 1998.

In einem Entwurf der Plankammer des »Generalbauinspektors für die Reichshauptstadt«, Albert Speer, entdeckte 1988 ein Ostberliner Stadtarchivar die auffällige Markierung der Gebäude Mittelstraße 36/37 und vermutete unterirdische Geheimbauten, woraufhin die Stasi alsbald dort nach den verschollenen Archiven der I.G. Farben suchen ließ.

170

In der Gegend um die Mittelstraße aber, in unmittelbarer Nähe der unterirdisch verlaufenden Nord-Süd-Bahn, unweit der Berliner Konzernzentrale der I.G. Farben und des früheren »Regierungs-Postamtes« NW 7 gelegen, hätte ein Bunker – davon ist »Wegener« fest überzeugt – nur eine Funktion haben können: die sichere Unterbringung des Geheimarchivs der Berliner I.G. Farben-Zentrale mit der Code-Bezeichnung »NW 7«.

Seine Entdeckung hält »Wegener« für so bedeutend, daß er sofort seinen Führungsoffizier von der HVA, Hauptmann Fünfstück, informiert. Er erklärt ihm, daß seit Jahrzehnten Archivare und Fachhistoriker dem legendumwitterten Geheimarchiv des deutschen Chemie-Giganten auf der Spur seien. Die dort vermuteten Dokumente seien nicht nur für die Geschichtswissenschaft, sondern vor allem auch für Geheimdienste von Bedeutung.

Der HVA-Offizier läßt sich überzeugen und meldet den Fund seines IM an Generalleutnant Neiber, Mielkes Stellvertreter. Eine Woche später, am 8. November 1988, übergibt Neiber den Vorgang an den Chef der Hauptabteilung VII, Generalmajor Büchner. Büchner solle in Abstimmung mit der Bezirksverwaltung Berlin die nötigen Maßnahmen festlegen, weist Neiber an. »Ihre Vorstellungen über das Vorgehen mir bis zum 15.11. vortragen«, notiert er handschriftlich auf dem Anschreiben an Büchner. Die letzte große Suchaktion der Stasi nach den geheimen Hinterlassenschaften der Nationalsozialisten beginnt.[2]

Um die Verbindung zwischen den geschilderten Geschehnissen von 1944 und 1988 zu verdeutlichen, bedarf es eines kurzen geschichtlichen Exkurses. Während des Ersten Weltkrieges war es in Deutschland im Mai 1916 zur Bildung einer »Interessengemeinschaft« von insgesamt acht Chemieunternehmen gekommen. Innerhalb dieser I.G. blieben die Firmen – BASF, Bayer, Agfa, Hoechst, Cassella, Kalle, Chemische Fabriken vorm. Weiler ter Meer und, ab 1917, Chemische Fabrik Griesheim-Elektron – selbständig; es erfolgte jedoch eine gemeinsame Gewinnabrechnung und -aufteilung nach einem bestimmten Schlüssel. 1925 wurde die organisatorisch nur locker verbundene Gemeinschaft in einen Konzern umgewandelt – die I.G. Farben. In den Folgejahren bis Kriegsende schluckte der Konzern nahezu alle Chemie- und Pharmaunternehmen Deutschlands. Zwischen 1939 und 1943 wuchs der Konzernumsatz um 55 Prozent auf mehr als drei Milliarden Reichsmark.[3]

Der Verwaltungssitz des Konzerns war ab 1926 Frankfurt am Main, wo die Konzernleitung 1930 den gewaltigen Neubau eines Bürogebäudes bezog. Parallel zu Frankfurt, von wo aus die Produktion des Konzerns gesteuert wurde, begann man in Berlin ab 1926 mit dem Aufbau einer weiteren Zentrale. Die Organisation »NW 7« – benannt nach der Berliner Postanschrift der Zentrale – kam zunächst in den Gebäuden der Deutschen Länderbank AG, der »Hausbank« der I.G. Farben, unweit des Pariser Platzes in Berlin-Mitte unter.*

---

* Ab Mitte der dreißiger Jahre plante der Konzern die Errichtung eines gewaltigen Bürokomplexes im Herzen Berlins. Das Gebäude sollte sich auf einem rund 50 000 Quadratmeter großen Areal – begrenzt von Pariser Platz, Neue Wilhelmstraße, Unter den Linden und Dorotheenstraße – erstrecken. Auch an eine spätere Bebauung der Ostseite der Neuen Wilhelmstraße war gedacht. Die gigantischen Ausmaße des geplanten I.G. Farben-Komplexes am

Als erste Abteilung nahm dort die Zentralfinanzverwaltung des Konzerns ihre Arbeit auf. Aufgabe dieser Finanzabteilung war es, mit dem Geld der einzelnen Konzernbetriebe zu »arbeiten« und es gewinnmaximierend einzusetzen. Dazu pflegte sie einen engen Kontakt mit dem in Berlin ansässigen Hermann Schmitz, Finanzfachmann und ab 1935 Vorstandschef des Konzerns.

Schmitz, einer der einflußreichsten und mächtigsten Männer im Nazi-Deutschland, hatte in den dreißiger Jahren damit begonnen, ein weitverzweigtes Auslandsnetz von Tochtergesellschaften und Tarnfirmen der I.G. Farben zu errichten. Bis heute ist es nicht gelungen, dieses Netz restlos zu enttarnen und die zum Kriegsende dort hinein geflossenen Vermögenswerte des Konzerns vollständig zu erfassen. Der hauptsächliche Grund dafür ist, daß Schmitz eifersüchtig darauf bedacht war, der einzige Mann im Konzern zu sein, der einen vollständigen Überblick über das Auslandsfirmennetz besitzen durfte.

Von den insgesamt 500 Mitarbeitern (Stand 1938) der »NW 7«-Organisation arbeiteten allein 100 Angestellte in der Zentralfinanzverwaltung. Doch die Berliner Zentrale wurde nicht nur dafür benötigt, den Geldkreislauf des Konzerns zu steuern. Man erhoffte sich von der Ansiedlung im politischen Zentrum des Landes auch »engere Berührung mit (...) den Parla-

Pariser Platz machen folgende Zahlen deutlich: 400 Büros mit einer Gesamtfläche von 9 020 Quadratmeter sollten entstehen, ein Vortragssaal für 800 Personen war ebenso vorgesehen wie ein großer Sitzungssaal für 60 Personen. Im Erdgeschoss an der Neuen Wilhelmstraße sollten auf einer Fläche von 500 Quadratmetern Läden einziehen. Den Bedarf an Baueisen bezifferte der Chef-Architekt des Konzerns, Professor Paul Mebes, für die ersten zwei Jahre der Bauarbeiten auf insgesamt 1 050 Tonnen.

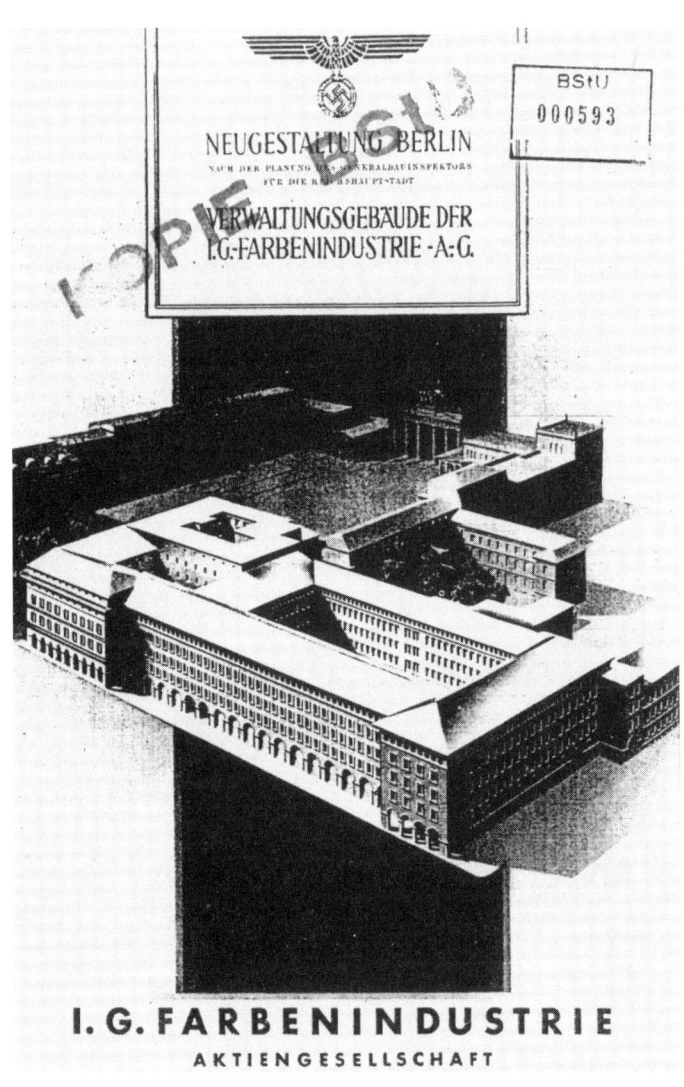

Broschüre der I.G. Farben AG zur geplanten Neugestaltung ihrer Berliner Verwaltungszentrale nach den Plänen von Albert Speer in der Nähe des Brandenburger Tores.

174

mentariern und Spitzenorganisationen des Wirtschafts-
lebens«.[4] Chef der Zentrale in Berlin wurde daher
nicht zufällig Max Ilgner, ein Neffe von Vorstandschef
Schmitz.

Ilgner war es auch, der ab 1937 den Kaufmännischen
Ausschuß des Konzerns reorganisieren und zum eigent-
lichen Herzstück der Berliner Zentrale umbauen ließ.
Der Ausschuß steuerte unter anderem die Verkaufspoli-
tik im In- und Ausland, baute die Beziehungen zu ausländischen Firmen und zur Auslandsorganisation der
NSDAP auf, führte die Übernahme und Neugründung
von Unternehmen außerhalb Deutschlands aus – und
organisierte die Wirtschaftsspionage des Konzerns,
deren Ergebnisse auch dem Oberkommando der Wehrmacht (OKW), dem Auslandsgeheimdienst Amt Aus-
land/Abwehr und anderen staatlichen Stellen zur Verfügung standen.[5]

Dazu forcierte Ilgner den Einsatz sogenannter »Ver-
bindungsmänner«, die vom Kaufmännischen Ausschuß
berufen und als zusätzliche Kräfte bei den I.G.-Aus-
landsvertretungen tätig wurden. Unter dem Anschein
emsiger Geschäftigkeit sammelten die »Verbindungs-
männer« in ihren Einsatzländern eine Fülle von Informationen. Ihre »Situationsberichte« enthielten Angaben über die wirtschaftliche und politische Lage im
Gastland, die Situation von Währung und Finanzen,
den Stand der Industrialisierung und die Konkurrenz-
situation.

Gesammelt und aufbereitet wurden die Informationen
im »Büro des Kaufmännischen Ausschusses«, von wo
aus sie an die Volkswirtschaftliche Abteilung des Konzerns flossen. Es kam aber auch vor, daß »Verbindungs-
männer«, die sich vorübergehend in Deutschland auf-

hielten, direkt dem OKW zur Berichterstattung übergeben wurden.*

Die Volkswirtschaftliche Abteilung in der Berliner Zentrale war das Bindeglied des Konzerns zu den staatlichen und militärischen Stellen des deutschen Staates. Ihre 80 Angestellten erstellten aus der Fülle der Informationen, die sie von den »Verbindungsmännern« und aus den I.G.-Vertretungen im Ausland sowie von deutschen Wirtschaftsinstituten und Einrichtungen des Staates erhielten, Analysen über internationale Märkte und ausländische Volkswirtschaften, über Produktentwicklungen, Banken und Firmen. Empfänger dieser Analysen waren vor allem die Entscheidungsträger innerhalb des Konzerns, aber auch Ministerien, Nachrichtendienste und NSDAP-Einrichtungen in Deutschland. Daneben hatten die Mitarbeiter der Abteilung aber auch zunehmend kriegswichtige Aufgaben zu erfüllen. So mußten sie Berichte und Einschätzungen für das OKW mit eigenen Aufzeichnungen, Informationen, Akten, Landkarten und Zahlen ergänzen.

Und hier kommt nun der Züricher Fotograf ins Spiel: Das OKW hatte unter anderem ein großes Interesse daran, sich von den geographischen Gegebenheiten in der Schweiz ein genaues Bild zu machen. Insbesondere, nachdem sich die Schweizer Armee 1940 von den Außengrenzen ins Landesinnere zurückgezogen hatte, um Neutralitätswillen zu demonstrieren, bereisten deutsche Spione immer wieder das südliche Nachbarland,

---

* Wichtige Informationen aus den USA lieferte beispielsweise Max Ilgners Bruder Rudolf, der in New York unter dem Dach der »Chemnyco Inc.« eine regelrechte Spionageorgansiation aufgezogen hatte. Auch die Vertretung des Leverkusener Bayer-Werkes in Portugal tat sich beim Ausspähen des Gastlandes hervor.

176

um den Ausbau der Festungsanlagen in den Alpen zu beobachten. Eine wertvolle und vor allem unverdächtige Ergänzung dieser Spionageerkenntnisse könnten die Gebirgsaufnahmen eines einheimischen Fotografen sein, hatte man sich bei der I.G. Farben überlegt. Und so kam es zu dem seltsamen Angebot an den Züricher Fotografen.

Der plumpe Versuch der Berliner Zentrale aber sorgte für mehr Schaden als Nutzen. Nicht nur, daß der Brief in die Schweizer Medien gelangte und die antideutsche Stimmung in der Bevölkerung schürte; er lenkte die Aufmerksamkeit der Züricher Kantonspolizei auch auf eine andere Spionageeinrichtung des Chemiegiganten in der Schweiz.

Im Bleicherweg 10 in Zürich war die Agfa-Photohaus AG untergebracht, ein Tochterunternehmen der I.G. Farben. Die Firma, in der 30 Angestellte arbeiteten, war zu jener Zeit das einzige Unternehmen in der Schweiz, bei dem Agfa-Farbfilme entwickelt werden konnten. Die Folge war, daß sogar das Schweizer Militär und vor allem das Kommando Flug- und Flugabwehrtruppen seine Filme an die Agfa-Filiale schickten. Allerdings kam es immer wieder zu Pannen: Allein zwischen 1939 und Februar 1944 gingen insgesamt 97 Filme verloren, die auf dem Postweg an die Agfa-Filiale verschickt wurden. Überwiegend handelte es sich dabei um Landschafts- und Hochgebirgsaufnahmen, aber auch um Fotos von Kasernen. Zudem bestanden auch die technischen Voraussetzungen in den Fotolabors am Bleicherweg, um in anderen Fällen unbemerkt Kopien von übergebenen Filmen anzufertigen.[6] Nach sechsmonatigen Ermittlungen mußte die Schweizer Bundesanwaltschaft am 13. Oktober 1944 aber das Verfahren wegen Spionageverdachts gegen die Agfa-Photohaus AG mangels Beweisen einstellen. Das Militär erteilte der I.G. Farben-Filiale jedoch keinerlei Aufträge mehr.

Die Rolle der Agfa-Filiale in Zürich ist nur ein Beispiel für die weitgefächerten Spionageaktivitäten des Chemiekonzerns. Ilgners Berliner »NW7«-Organisation gilt mittlerweile bei vielen Historikern als das »Spionagezentrum« der I.G. Farben schlechthin. Zur Legendenbildung trägt sicherlich bei, daß vor allem die Akten aus der Volkswirtschaftlichen Abteilung von »NW 7«, aber zum Teil auch die aus der Zentralfinanzverwaltung nach dem Krieg unauffindbar blieben. Hatten sie die Zerstörung Berlins in einem geheimen, bislang unentdeckten Bunker mitten in Berlin überstanden? Der Stasi war es wert, die – wenngleich nur dünne – Spur aus den Akten des Speer-Büros aufzunehmen.

Die Federführung in der Aktion »Geheimarchiv der I.G. Farben« übernahm die Hauptabteilung VII/7. Deren Aufgabengebiet lag eigentlich in der »politisch-operativen Abwehrarbeit« im DDR-Innenministerium, bei der Volkspolizei und den Kampfgruppen. Allerdings gehörte auch die Staatliche Archivverwaltung, die dem Innenministerium unterstand, und das zugehörige Dokumentationszentrum zum »Einsatzgebiet« der Abteilung dazu. Dort führte die VII/7 mit Oberst Leipold – dem Chef der Archivverwaltung – sowie den Obersten Kirmse und Grunert (beide im Dokumentationszentrum) drei eigene »Offiziere im besonderen Einsatz/Abwehr«, die nicht nur die Archivmitarbeiter überwachen sollten, sondern auch geheime Nachforschungen in den dort lagernden NS-Akten durchführen konnten.

Die drei OibE wurden dann auch von ihrem zuständigen Verbindungsoffizier in der Hauptabteilung VII/7, Major Schierz, entsprechend instruiert, denn zunächst mußten sich die Ermittler vom MfS auf die Archivarbeit beschränken. Auf dem Grundstück Mittelstraße 36/37 war in den sechziger Jahren ein Büroneubau entstanden, in den das DDR-Ministerium für Außenhandel einzog. Probebohrungen auf dem Areal, durchgeführt von einer nach außen unverdächtigen, tatsächlich aber dem MfS eng verbundenen Spezialgruppe des Geologischen Instituts, waren dadurch nicht möglich. Auch allzu offensichtliche Untersuchungen der Kellerräume wollte man vermeiden, um nicht die Mitarbeiter des Außenhandelsministeriums aufzuscheuchen.

Die Nachforschungen auf dem Grundstück an der Mittelstraße waren aber auch noch aus einem anderen Grund heikel. Schräg gegenüber, in der Neustädtischen Kirchstraße 4/5, befand sich die US-Botschaft, die 1977 in das ehemalige »Haus des Handwerks« eingezogen war. Für die Stasi war die Botschaft die Spionagezentrale der CIA in Ost-Berlin, der »Hort des Bösen« schlechthin. Deshalb gingen die Archiv-Fahnder von der Hauptabteilung VII auch allen Ernstes zunächst dem Verdacht nach, daß die Amerikaner das Gebäude in der Neustädtischen Kirchstraße ganz bewußt bezogen hätten, um sich von dort in das Geheimarchiv zu buddeln.

Doch Hauptmann Dahle von der zuständigen Hauptabteilung II/3 beruhigte die Genossen. Bei einer Begehung des unterirdischen S-Bahn-Bogens der Nord-Süd-Bahn, der zwischen beiden Grundstücken verläuft, seien keine Verbindungen zur US-Botschaft festgestellt worden. Auch hätten die Amerikaner nicht auf diesem Grundstück bestanden, stellte Dahle klar. Statt dessen hätten sie seinerzeit ihr altes Anwesen am Brandenburger Tor zurückgefordert, aber das sei von der DDR abgelehnt worden, weil es sich im Grenzgebiet befand.

Negativ war auch die Auskunft der Hauptabteilung XVIII/7, die den DDR-Außenhandel überwachte. Zwar hatte man sich die Bauunterlagen des Ministeriumsgebäudes an der Mittelstraße besorgt; Hinweise auf bereits vorhandene Kellerräume oder unterirdische Bauten auf dem Areal seien darin jedoch nicht verzeichnet gewesen.

Ähnlich ergebnislos verlief die Untersuchung in den Archiven. »Die bisherigen aufwendigen Recherchen des OibE im Dokumentationszentrum (des MdI – d. A.) erbrachten keinen Hinweis auf die Existenz eines Geheimarchivs der I.G.-Farben«, heißt es in einer Zwischeninformation von Major Striegel vom 11. Januar 1989. Festgestellt werden konnte lediglich, daß der »NW7«-Chef Max Ilgner ab 1943 Akten des Konzerns aus Berlin auslagern ließ. Wohin, das sei allerdings nicht nachvollziehbar, schrieb Striegel. Gefunden habe man zudem Hinweise darauf, daß »NW 7« Ausweichobjekte in der Nähe von Berlin anlegen ließ, und zwar bei Beeskow und Storkow sowie in Borkheide. Allerdings trügen die Akten zu den Ausweichobjekten »teilweise kyrillische Schriftzeichen und sind demzufolge schon von sowjet(ischen) Dienststellen gesichtet bzw. ausgewertet worden«.[7]

Doch es gab auch andere Indizien, die tatsächlich für ein Vorhandensein von unterirdischen Anlagen auf den Grundstücken Mittelstraße 36 und 37 sprachen. In einer weiteren Akte der Speer-Behörde war IM »Wegener« auf die Bauskizze von Kelleretagen der mit zwei Mietshäusern bebauten Grundstücke gestoßen. Die Skizze stammte von 1938 und sah für das Haus Nr. 36

Nach 1989 wurde der Bunker der alten I.G.-Farben-Zentrale am Pariser Platz vor dem Brandenburger Tor freigelegt. Dabei stieß man aber auf keinerlei historisch wertvolle Akten, sondern lediglich auf hier abgestellte alte Ausstellungsteile des Ministeriums für Kultur der DDR.

den Einbau von Tresoren vor; in der Nr. 37 sollte ein Archivraum von 800 Quadratmeter Größe bei einer Geschoßhöhe von 2,80 Meter entstehen. Hintergund dieser Baumaßnahmen waren Pläne der »Bank für Deutsche Arbeit«, auf dem Areal Unter den Linden/ Neustädtische Kirchstraße/Mittelstraße ein repräsentatives Gebäude zu errichten.

Nach »Wegeners« Meinung war der für das Haus Mittelstraße Nr. 37 vorgesehene Archivraum jedoch für die vergleichsweise kleine »Bank für Deutsche Arbeit« völlig überdimensioniert. »An eine vorangegangene Auflage, an dieser Stelle ein Fremdarchiv unterzubringen, kann gedacht werden«, schrieb er seinem Führungsoffizier Fünfstück.

Der Stadtarchivar argumentierte auch, daß die Anordnung aus dem Speer-Büro über die Sonderbaumaßnahme auf dem Doppelgrundstück die Nummer 50 trage, woraus man auf eine späte Entscheidung schließen könne. »Wegener« datierte sie auf den Zeitraum 1943/44. Für diese beiden Jahre aber wiesen andere aufgefundene Unterlagen aus dem Baubüro der Abteilung »NW 7« die Bereitstellung von erheblichen finanziellen Mitteln aus; für welche Baumaßnahme das Geld verwendet wurde, gehe aus den Dokumenten jedoch nicht hervor.

Doch im Januar 1989 hatten sich die Ermittler aus der Hauptabteilung VII/7 festgefahren. Auch die »Konkurrenz« von der für die Aufklärung von Nazi- und Kriegsverbrechen zuständigen Hauptabteilung IX/11, die die Ermittler zähneknirschend um Hilfe bitten mußten, waren ratlos. Hinweise auf ein »Geheimarchiv« der I.G. Farben lägen ihnen nicht vor, teilten sie der VII/7 mit.

Anfang März wurde die Suche nach dem Bunker eingestellt, ohne daß man mit technischen Geräten die Örtlichkeiten genauer untersucht hätte. Generalmajor Büchner teilte Mielkes Stellvertreter Neiber mit, in den Bauunterlagen des DDR-Außenhandelsministeriums, die auch die Baugrunduntersuchung des Grundstücks Mittelstraße 36/37 beinhalten, fänden sich keine Hinweise auf unterirdische Anlagen. Ebenso hätte die Durchsicht umfangreicher Aktenbestände und die Auswertung von OMGUS-Ermittlungsunterlagen der amerikanischen Militärregierung keine Beweise für die Existenz eines »Geheimarchivs« ergeben.

Im Jahre 1999 ist in das Bürohaus über dem angeblichen Geheimarchiv der I.G. Farben die SPD-Bundestagsfraktion eingezogen. Zuvor war der Komplex aufwendig saniert worden. Außer einem Zimmer mit Observationstechnik, aus dem heraus das Bundesamt für Verfassungsschutz die gegenüberliegende Russische Botschaft filmte, wurden bei den Bauarbeiten jedoch keine geheimen Räume entdeckt.

Hoffen auf »Robinson«

Der unerfüllte Traum vom Bernsteinzimmer

Es ist der 6. Mai 1997, ein Dienstagmorgen. In der Kanzlei des Rechtsanwalts und Notars Manhard Kaiser in der Bremer Sögestraße hocken sechs Männer um ein farbiges Steinornament. »Ja, das ist das echte Marmor-Mosaik«, sagt einer der Männer.

Der unverdächtige Satz ist ein Signal zum Eingreifen. Plötzlich dringt aus dem Treppenhaus eiliges Getrampel. Acht Polizisten in Zivil stürmen in die Kanzlei im dritten Stock, erklären das Kunstwerk für beschlagnahmt und nehmen den verdutzten Anwalt fest.

Das 55 mal 70 Zentimeter große Mosaik aus Marmor und Onyx, gefaßt in einen mit Halbedelsteinen besetzten Goldrahmen, stellt auf allegorische Weise »Tastsinn und Geruchssinn« dar. Es zeigt zwei Paare vor einer italienischen Landschaft und einen Torbogen, vor dem Hunde spielen. Das Werk, das Anwalt Kaiser im Auftrag eines Mandanten gerade für zweieinhalb Millionen Dollar verkaufen wollte, ist Teil einer Legende: Es stammt aus dem Bernsteinzimmer im ehemaligen Zarenpalast in Zarskoje Selo bei St. Petersburg.*

---

* Die *FAZ* berichtete am 16. Mai 1997, daß das aufgefundene florentinische Steinmosaik bereits auf dem Weg von Zarskoje Selo nach Königsberg 1941 abhanden gekommen war. Insoweit könne der Fund keinen Hinweis auf den späteren Verbergungsort des

Das Bernsteinzimmer, oft als »achtes Weltwunder« gepriesen, hatte der preußische König Friedrich I. im Jahre 1716 dem russischen Zaren Peter dem Großen geschenkt, um mit dieser Geste das »immerwährende Bündnis« zwischen Hohenzollern und Romanows zu besiegeln. Im Sommer 1941 fiel Zarskoje Selo in die Hand der deutschen Truppen. Der »Kunstschutzoffizier« Ernst Otto Graf zu Solms-Laubach, der den Kunstraub der Nazis in der Sowjetunion zu organisieren hatte, ließ das Bernsteinzimmer demontieren und ins Königsberger Ordensschloß schaffen, wo schon andere Beutestücke auf den Abtransport nach Deutschland warteten. Anfang 1945, als die Rote Armee ihren Großangriff auf Königsberg startete, wurden die geraubten Kunstschätze – darunter auch das Bernsteinzimmer – in Kisten verpackt und Richtung Westen geschafft. Danach verlor sich die Spur des »achten Weltwunders«.

Erst 1994 tauchte mit einem sogenannten Schlüterkopf ein erstes Stück davon wieder auf. Acht solcher 15 Zentimeter hohen Bernstein-Skulpturen schmückten den Raum in Zarskoje Selo. Der Schlüterkopf wurde im Londoner Auktionshaus Christie's für 9 000 Pfund versteigert.[1]

Um ein Vielfaches wertvoller war natürlich das Mosaik, das der Bremer Notar Kaiser versuchte, an den Mann zu bringen. Allerdings geriet er mit seiner Offerte an Zivilfahnder des Brandenburgischen Landeskriminalamtes. Sie waren dem Mosaik durch den Tip eines

Bernsteinzimmers geben. Der Besitzer des Mosaiks, ein inzwischen verstorbener Bremer Rentner, gab an, sein Vater sei während des Krieges Offizier bei einer Kraftfahrereinheit gewesen und habe das Kunstwerk aus Rußland mitgebracht.

Das 1997 in Bremen sichergestellte Mosaik aus dem Bernsteinzimmer, das für 2,5 Millionen Dollar verkauft werden sollte.

ominösen Kunstfahnder-Trios auf die Spur gekommen: Peter Weber, ein West-Berliner Bauunternehmer und Projektentwickler, Axel Hilpert, früherer Chefeinkäufer der Kunst & Antiquitäten GmbH (K&A) von Schalck-Golodkowski, der jahrelang unter dem Decknamen »Monika« für die Stasi spitzelte, und Hans-Otto Teschner, ehemaliger Major der Stasi-Hauptabteilung II sowie früherer Führungsoffizier von Hilpert.

Die drei hatten durch ihre Beziehungen auf dem grauen Kunstmarkt erfahren, daß für das Mosaik ein Käufer gesucht werde. Weber und dessen Berliner Unternehmen WWA traten daraufhin als Scheinaufkäufer auf, Hilpert und Teschner knüpften die Fäden zur Polizei und sogar zum Bundeskanzleramt. Gleichzeitig nahmen die drei Kontakt zur Presse auf, um aus der öffentlichkeitswirksamen Beschlagnahme des Mosaiks kräftig Profit zu schlagen.

Über den Potsdamer Journalisten und Hilpert-Intimus Peter Tiede wandte man sich zunächst an das Magazin *Stern* und erbat zwei Millionen DM Informationshonorar plus 15 Prozent Mehrwertsteuer. Die noch immer mit dem Trauma der gefälschten Hitler-Tagebücher belastete Redaktion lehnte den Deal ab, ohne zuvor versucht zu haben, den Phantasiepreis für die Geschichte herunterzuhandeln.

Also gingen Hilpert und Partner zum *Spiegel*. Für einen nicht näher bezeichneten Finderlohn, den auch Chefredakteur Stefan Aust in einer Hausmitteilung des Magazins bestätigte und mit dem die drei »Kunstfahnder« nach eigenen Angaben »hochzufrieden« waren[2], übernahm das Hamburger Nachrichtenmagazin die Story. Chefredakteur Aust verhängte bis zur Veröffentlichung die höchste Geheimhaltungsstufe im Hause und stellte Verbindungsmann Peter Tiede, bis dahin Chefreporter bei der *Märkischen Allgemeinen*, kurzerhand bei *Spiegel TV* ein.

Nur wenige Tage später gab es die nächste Sensation. Im Berliner *Spiegel*-Büro meldete sich der prominente Rechtsanwalt und heutige SPD-Bundestagsabgeordnete Peter Danckert und stellte den verdutzten Mitarbeitern eine Kommode ins Büro: Eine Mandantin von ihm habe das teure Stück 1978 in der DDR erworben und vermute, daß es aus dem Bernsteinzimmer stamme.

Und tatsächlich: Fotos, historische Beschreibungen und nicht zuletzt eine in kyrillischer Schrift verfaßte Kennzeichnung auf der Rückseite des Möbelstücks identifizierten es als eine 1932 in das Bernsteinzimmer integrierte »Marketerie«. Nun wurde die Sache dem *Spiegel* doch unheimlich: »Ist das Auftauchen der beiden Fragmente aus dem Bernsteinzimmer schierer Zufall, oder werden die Funde von einer geschäftstüchtigen Gruppe gesteuert – möglicherweise aus alten Stasi-Zeiten?« fragte sich das Magazin irritiert. Und Berliner Kriminalisten, die jahrelang die Spielarten der Vereinigungskriminalität studieren konnten, vermuteten gar: »Alte Kreise – neue Märkte, Chuzpe gepaart mit Herrschaftswissen.«[3]

Tatsächlich bieten die personellen Verflechtungen dieser Sensationsfunde genug Anlaß für Verschwörungstheorien. Da sind einmal Stasi-Spitzel Hilpert und sein ehemaliger Führungsoffizier Teschner. Beide waren im März 1997, zwei Monate vor dem Fund des Mosaiks, schon einmal als »Retter der Kunst« aufgetaucht, indem sie die Polizei zu den Räubern des Caspar-David-Friedrich-Gemäldes »Ansicht eines Hafens« geführt hatten. Das Bild war Anfang Dezember 1996 im Potsdamer Schloß Charlottenhof von zwei jungen Hobby-Kriminellen geklaut worden.

Hilpert hatte sich gleich nach der Wende und dem Ende des KoKo-Imperiums ins Immobiliengeschäft begeben. In Berlin und Brandenburg zog er ein verwirrendes Firmengeflecht auf. So verbündete er sich mit einer dubiosen West-Berliner Gesellschaft, hinter der Kripo-Fahnder ehemalige KoKo-Partner vermuten, und engagierte sich gemeinsam mit einer englischen Aktiengesellschaft auf dem Berliner Grundstücksmarkt. Und auch ostdeutschen Politikern war Hilpert zu Diensten. So vermittelte er dem Brandenburger Bauminister Jochen Wolf ein Baugrundstück, ohne ihm eine Maklerprovision zu berechnen.*

In dieser Zeit lernte Hilpert den Westberliner Bauunternehmer Peter Weber kennen, mit dem er später den Mosaik-Deal durchzog. Mit Hilperts Hilfe knüpfte Webers Projektentwicklungsgesellschaft Geschäftskontakte nach Kuba und nahm einige Vorhaben im Berliner Umland in Angriff. Schließlich bot man sogar Grundstücke für den Lebensabend im sonnigen Florida an. Im Geschäft mit dabei: Der Sohn eines früheren K&A-Konfidenten Hilperts aus dem Berliner Stadtrand, der zu jener Zeit auch bei den Schalcks am bayerischen Tegernsee ein und aus ging.

Mit Schalck hatte Hilpert nach der Wende schon bald wieder geschäftliche Kontakte aufgebaut: Im Oktober 1995 durften er und eine Reihe weiterer ostdeutscher

---

* Über diese »Vorzugsbehandlung«, für die Wolf angeblich im Gegenzug Hilpert-Grundstücke zu Bauland aufwertete, stolperte der Minister 1993; am 6. Dezember 1999 wurde Wolf wegen Vorteilsnahme im Amt zu einer Geldstrafe von 8 400 DM verurteilt.

und bayerischer Mittelständler den früheren KoKo-Chef auf einer Geschäftsreise nach China begleiten, wo Schalck lohnende Projekte anbahnen wollte.

Und auch bei der mysteriösen Kommode aus dem Bernsteinzimmer taucht neben Peter Danckert, dem Rechtsanwalt des früheren KoKo-Chefs Schalck und diverser anderer Stasi-Größen, eine altbekannte Figur aus dem damaligen Dunstkreis der KoKo auf. Denn die Frau, die 1978 das Möbelstück für 20 000 DM bei der K&A in Mühlenbeck erworben hatte, war die Gattin des West-Berliner Bauunternehmers Hans Noetzel, einem stadtbekannten Sozialdemokraten aus dem Momper-Staffelt-Kreis.

Dank seiner offenherzigen Art war Noetzel einer der meistbegünstigten Geschäftspartner der KoKo. Unbefangen plauderte der Alt-SPD-Genosse mit seinen Ost-Berliner Gesprächspartnern über die Kungelrunden der West-Berliner Sozis um Walter Momper und Ditmar Staffelt, denen er so manchen lukrativen Erbpachtvertrag und Bauauftrag zu verdanken hatte. Noetzels Informationen – seine bislang in der Gauck-Behörde aufgefundenen Gesprächsberichte füllen einen ganzen Aktenordner – verhalfen der Stasi über Jahre hinweg zu einem detaillierten Einblick in das Innenleben der West-Berliner SPD.

Er habe nicht gewußt, daß seine Zuhörer aus dem Osten von der Stasi kamen, beteuerte Noetzel – assistiert von seinem langjährigen Rechtsanwalt Peter Danckert – nach der Wende. Doch ganz so blauäugig dürfte der Baulöwe auch nicht gewesen sein. Tatsache ist, daß Noetzel bevorzugt Bauaufträge in der DDR erhielt, weil man sich die so eifrig sprudelnde Quelle warm halten wollte. So baute seine Firma unter anderem das

Diese Kommode aus dem Bernsteinzimmer wurde 1978 von der Ostberliner Kunst & Antiquitäten GmbH an die Gattin eines Westberliner Bauunternehmers verkauft. Unklar ist bis heute, wie das Möbelstück in den Besitz der Firma gelangen konnte.

K&A-Lager in Mühlenbeck. In MfS-Akten finden sich Hinweise auf Noetzels Rolle bei Geschäften mit Grundstücken der Reichsbahn in West-Berlin, die von der DDR verwaltet wurden, sowie bei dubiosen Kreditvermittlungen. Auch handelte Noetzel im KoKo-Auftrag jahrelang als K&A-Vertreter in West-Berlin mit wertvollen Möbeln und Museumsgut aus der DDR. Schließlich versorgte er den Osten über die mit ihm verbundenen Firmen Hafina und Procomp im schweizerischen Zug mit Hotelausstattungen und Computern. Beinahe wäre es der Hafina sogar geglückt, in den Wendewirren ein Filetgrundstück der sich in Auflösung befindlichen Stasi im märkischen Storkow billig zu erwerben – aber der mit einem früheren Stasi-Offizier eingefädelte Deal scheiterte, als die Presse aufmerksam wurde.[4]

All diese Zusammenhänge machen es nicht leicht, bei dem gleichzeitigen Auftauchen von Mosaik und Kommode aus dem Bernsteinzimmer an einen Zufall zu glauben. Hinzu kommt, daß es der Besitzerin der Kommode angeblich erst durch die Berichterstattung über das aufgefundene Mosaik aufgefallen war, welchen Schatz sie in ihrer Villa beherberge. Dabei ist die Kommode auf den wenigen noch vorhandenen Fotos aus dem Original-Bernsteinzimmer, die seit Jahrzehnten immer wieder in den Medien veröffentlicht werden, unschwer zu erkennen.[5]

Auch Hans Seufert, der für die Stasi nach dem Bernsteinzimmer forschte, hat seine Zweifel an den »Sensationsfunden« und fragt sich, was sich hinter dieser »mysteriösen Angelegenheit« tatsächlich verbirgt. Völlig unbegreiflich ist ihm, wie die DDR-eigene K&A GmbH ein Möbelstück aus dem Bernsteinzimmer verkaufen konnte. »Das kann nur Unkenntnis gewesen sein. Sonst hätte das niemand gewagt. Wäre so etwas herausgekommen, hätte Mielke die Firma kurzerhand aufgelöst und Schalck abgesetzt.«[6]

Bedauerlich findet Seufert jetzt, daß die bundesdeutschen Behörden nicht besonders engagiert der Frage nachgehen, auf welchem Weg die Kommode vor 20 Jahren zur K&A gelangt ist. »Wir hätten früher Himmel und Hölle in Bewegung gesetzt. Und wir hätten es herausbekommen«, ist sich der Pensionär sicher.

Hans Seufert war im MfS als Offizier für Sonderaufgaben im Bereich des Generalleutnants Neiber eingesetzt und hatte sich dabei vorrangig um die »elektronische Kampfführung« des Mielke-Ministeriums zu kümmern. Seit Mai 1979 fungierte er dabei als eine Art Verbindungsoffizier Neibers zur Hauptabteilung III und den Abteilungen E, F und 26, die sich mit der funkelektronischen Aufklärung und Überwachung des »Gegners« befaßten.

Doch schon nach einem Jahr, im Mai 1980, wurde Seufert eine andere »Sonderaufgabe« übertragen – die Leitung der Suche nach dem Bernsteinzimmer. Bis dahin war es vor allem der Hobbyforscher und Stasi-OibE Paul Enke alias »Dr. Paul Köhler« gewesen, der zwei Jahrzehnte lang mit Unterstützung von Mielkes Stellvertreter Bruno Beater alle Spuren des »Weltwunders« verfolgt und Zeitzeugen befragt hatte.

Auf persönliche Weisung von Stasi-Minister Mielke wurde 1980 eine Arbeitsgruppe eingesetzt. Hintergrund waren die zu jener Zeit von sowjetischen Behörden forcierten Untersuchungen zum Kunstraub der Nazis. Für den moskautreuen Mielke schien die Gelegenheit günstig, bei seinen sowjetischen Freunden Eindruck zu schinden. Er war überzeugt, daß seine Leute das Bernsteinzimmer finden würden, sollte es sich tatsächlich auf dem Gebiet der DDR befinden. Und so wies er an, die Suche nach dem Kunstwerk in den Rang eines Operativen Vorgangs zu erheben und eine Spezialistengruppe mit der Suche zu beauftragen.

Am 30. Mai 1980 wurde die Gruppe gebildet und Hans Seufert unterstellt, damals Oberstleutnant des MfS. Neben Enke gehörten ihr noch die beiden Mitarbeiter der Hauptabteilung IX/11, Hauptmann Rudolph und Oberleutnant Kühn, an.

Enke, der sieben Jahre später starb, übergab zunächst die bis dahin zusammengetragenen Unterlagen »zur operativen Auswertung« der MfS-Abteilung IX/11 und faßte in einem 100 Seiten starken Exposé alle seine bisherigen Erkenntnisse zusammen. Dies war der Ausgangspunkt für den Sicherungsvorgang (SV) »Puschkin«. Zu Beginn, im Mai 1980, umfaßte er noch sechs Ordner. Dutzende von möglichen Verbergungsorten wurden darin aufgelistet und detailliert beschrieben, insgesamt 201 Personen waren als Zeitzeugen und mögliche Mittäter des NS-Kunstraubes zur »operativen Bearbeitung« erfaßt. Einer von ihnen war ein seltsamer Rentner aus der sächsischen Kreisstadt Döbeln.

Oberstleutnant Schmidt, der Leiter der Stasi-Kreisdienststelle in Döbeln, schnalzte mit der Zunge. Das schien doch eine Geschichte zu sein, mit der er seinen Vorgesetzten in Leipzig mal wieder seine tschekistische Wachsamkeit beweisen könne, dachte er sich. Vor ihm auf dem Schreibtisch lag ein mit dem Datum 27. Februar 1979 versehener Brief eines angeblichen Schriftstellers aus West-Berlin mit Namen Heinz Schuster an einen Döbelner Bürger. Der Inhalt war kryptisch und schien absurd – wäre da nicht der Empfänger gewesen: Dr. Gottfried Reimer.

Reimer, der eine heruntergekommene Villa in der Grimmaischen Straße bewohnte, galt als jemand, der in den Kunstraub der Nazis verstrickt war. Nicht ohne Grund war Genosse Enke aus Berlin, der das Bernsteinzimmer für die Stasi suchte, vor 1978 zweimal in der sächsischen Kreisstadt aufgetaucht, um den Kontakt zu Reimer zu suchen. Aber alle Versuche, an den Sonderling heranzukommen, scheiterten.

Und hatte es jetzt nicht diesen Aufruf in der Presse gegeben, es sollten sich die Leute melden, die etwas vom Verbleib des Kunstwerks wußten?

Auch hatte Schuster als Absender auf dem Briefumschlag das Pseudonym »Baron Rote« benutzt – was eine Anspielung auf den Namen des ehemaligen Leiters der Königsberger Städtischen Kunstsammlungen, Dr. Alfred Rohde, gewesen sein könnte. Für Oberstleutnant Schmidt war der Fall klar: Der Brief war eine versteckte Drohung an Reimer, den »Gralshüter« des geraubten NS-Schatzes, keine Geheimnisse auszuplaudern.

Umgehend setzte sich Schmidt an seine elektrische »Erika«-Schreibmaschine und verfaßte einen Bericht an den »Stellvertreter Operativ« der Stasi-Bezirksverwaltung Leipzig, Oberst Fesel. Im Mittelpunkt stand der mysteriöse Brief, der folgenden Wortlaut hatte: »Hochverehrter! Anbei eine Lektion (Mitglied der Goethegesellschaft und Schriftsteller). Folgendes: Russisch ist deutsch gesprochen mit »i«. D.h., deutsches Wort wird gleichzeitig gehaucht mit dem Vokal »i«. Sehr leise allerdings, gerade noch hörbar für sich selbst, z.B. Herr : »i« = Towarisch. Sehe Ihrer Beistimmung entgegen. Nicht sofort, aber doch möglichst bald. Dann verbreiten Sie bitte. Mit Hochachtung grüßt Ihr Heinz Schuster«.

In Leipzig aber teilte man Schmidts Phantasien nicht. Schmidts Vermerk für die BV blieb unbeantwortet. Auch Genosse Enke, um dessen Benachrichtigung der Döbelner Stasi-Chef gebeten hatte, meldete sich nicht.

Ein Jahr später unternahm Schmidt einen erneuten Anlauf, Leipzig für den »Fall Reimer« zu interessieren. In einem Sachstandsbericht über einen vermuteten Kunstschmuggel zweier Döbelner Bürger stellte der Oberstleutnant auch eine Verbindung zu Reimer her, obwohl es dafür überhaupt keine Hinweise gab. Dennoch kündigte Schmidt eine »operative Aufklärung« Reimers an und begründete dies mit dem »Verdacht, daß R. Kriegsverbrecher ist«.

Tatsächlich hatte der 1911 geborene Gottfried Reimer, was kaum jemand in Döbeln wußte, während der NS-Herrschaft eine wichtige Position inne. Er war vier Jahre lang Referent im »Sonderauftrag Linz«, hinter dem sich Hitlers Projekt eines eigenen Museums der Weltkunst verbarg.

Im März 1938, als Hitler kurz nach dem »Anschluß« Österreichs seine Heimatstadt Linz besuchte und dort jubelnd von der Bevölkerung empfangen wurde, kündigte er im Überschwang seiner Gefühle an, der oberösterreichischen Landeshauptstadt ein Museum zu schenken, wie es seinesgleichen in der Welt suche. Geplant war neben dem Museumsbau eine gewaltige Hängebrücke und ein riesiges Versammlungshaus mit Glockenturm, in deren Krypta der Diktator seine letzte Ruhe finden wollte. In dem »Führermuseum« sollten vor allem die von Hitler persönlich ausgewählten Werke der alten Meister bis zum 18. Jahrhundert und der Künstler des 19. Jahrhunderts ausgestellt werden. Bald aber reichte die Gemäldegalerie nicht mehr aus; die Exposition sollte erweitert werden um eine Bibliothek mit wertvollen und seltenen Büchern, eine Waffenhalle, eine Skulpturensammlung und ein Münzkabinett. Hitler war von der Idee »seines« Museums so besessen, daß er noch im April 1945, als der Endkampf um Berlin tobte, im Bunker der Reichskanzlei mit seinem Lieblingsarchitekten Albert Speer über den Linzer Bauplänen brütete.[7]

Leiter des »Sonderauftrages Linz« wurde 1939 Professor Dr. Hans Posse, Direktor der Dresdner Gemäldegalerie und ein exzellenter Kunstkenner.* Er war es auch, der Reimer am 1. Juni 1939 als wissenschaftlichen Mitarbeiter der Dresdner Gemäldegalerie anstellte. Der Professor zeigte sich so angetan vom Fleiß seines jungen Kollegen, daß er sich bei Hitlers Parteikanzleichef Martin Bormann für eine Verwendung Reimers im »Sonderauftrag Linz« verwendete.

Am 1. Juni 1941 war es so weit: Reimer wurde »Linz«-Referent bei Posse. Er organisierte die Arbeit des »Sonderauftrages«, wickelte die Schriftwechsel mit der Parteikanzlei ab und führte die Finanzplanung für den Ankauf von Kunstschätzen zugunsten des Führermuseums. In Einzelfällen kaufte er auch selbst aus den Depots, in denen die aus den besetzten Gebieten geraubten Kunstwerke gelagert waren, Stücke für das Lin-

---

* Posse war kein überzeugter Nazi. Er hatte sich sogar den Zorn des sächsischen Gauleiters Mutschmann zugezogen, weil er Werke der »entarteten« Künstler Kokoschka und Dix in seiner Galerie verwahrt behielt. Die von Mutschmann deshalb verfügte Kündigung Posses im Frühjahr 1938 wurde von Hitler wenige Wochen später wieder aufgehoben, weil sich einflußreiche Bekannte Posses beim Führer für ihn verwandt hatten.

»Robinson« Gottfried Reimer organisierte ab 1943 die Einlagerung von Hitlers Kunstsammlung, die dieser für ein Museum in seiner Heimatstadt Linz vorgesehen hatte. Dafür wurde in Alt-Aussee – ganz in der Nähe des Toplitzsees im österreichischen Salzkammergut – eigens ein altes Salzbergwerk hergerichtet.

zer Museum ein. Zudem hielt er die Verbindungen mit dem Reichsministerium für die besetzten Ostgebiete, das für die Ausplünderung der okkupierten osteuropäischen Länder zuständig war, und dem »Einsatzstab Reichsleiter Rosenberg«, der größten Kunstrauborganisation der Nazis.

Ab 1943 bestand Reimers Hauptaufgabe in der sicheren Unterbringung der für das Linzer Museum vorgesehenen Kunstschätze, um sie vor der Zerstörung durch Bombenangriffe zu schützen. Unter seiner Leitung wurde dafür ein Salzbergwerk in Alt-Aussee im österreichischen Alpengebiet als Depot ausgebaut. Mit Güterzügen und Lkw-Kolonnen schaffte die SS Gemälde, Plastiken, bibliophile Kostbarkeiten und Münzsammlungen dorthin. Reimer, der in Alt-Aussee zwei Wohnungen für sich hatte herrichten lassen, überwachte persönlich die Transporte.

Für die Erledigung seiner Arbeit, die er in enger Zusammenarbeit mit dem Wiener Institut für Denkmalpflege abwickelte, genoß Reimer alle Freiheiten. Während anderswo im Reich der Kraftstoff für Autos streng rationiert war, galten für ihn solche Einschränkungen nicht. Das belegen Schriftwechsel mit Bormann aus der Berliner und Ministerialrat von Hummel aus der Münchener Parteikanzlei. Reimers gewachsene Verantwortung drückte sich auch in seinem monatlichen Gehalt aus: 1942 erhielt er noch 250 Reichsmark, im Jahre 1944 wurde diese Summe auf 500 Reichsmark verdoppelt.

Kurz vor Kriegsende im Mai 1945 konnten die Amerikaner das Kunstdepot in Alt-Aussee übernehmen. Die von den Nazis geplante Sprengung des Salzbergwerkes war im letzten Moment von einer österreichischen Widerstandsgruppe verhindert worden. In den Stollen fanden die Amerikaner 5350 Gemälde alter Meister, 220 Zeichnungen und Aquarelle, 1039 Stiche, 95 Gobelins, 68 Skulpturen, 32 Kisten mit Münzen, 128 Waffen und Rüstungen, 64 Möbelstücke, 79 Körbe und 43 Kisten mit Kunstgegenständen, 237 Bücherkisten sowie das Gordon-Craig-Theater-Archiv aus Frankreich. Weitere Teile von Hitlers zum Teil mit Falschgeld angekauftem Kunstbesitz fanden sich in zehn zusätzlichen Geheimdepots.

Reimer konnte der Gefangenschaft entgehen und schlug sich nach Döbeln durch. Ende 1945 wurde der Heimkehrer von der Landesverwaltung Sachsen damit beauftragt, die Schlösser und Rittergüter des Landratsbezirkes Döbeln nach verborgenen Kunst- und Kulturschätzen zu durchsuchen. Aufgrund fehlender Verkehrsmittel lief Reimer die Entfernungen zu Fuß – eine Angewohnheit, die er lange Jahre beibehalten sollte.

Im Februar 1946 stellten ihn die Staatlichen Sammlungen für Kunst und Wissenschaft in Dresden als wissenschaftlichen Hilfsarbeiter ein und übertrugen ihm die Betreuung des Sächsischen Kupferstichkabinetts. Doch schon Ende Juli wurde Reimer auf Veranlassung der Sowjetischen Militäradministration wieder entlassen. Wenige Monate später wurde er gar von den Russen verhaftet und verhört. Es gelang ihm aber, seine tatsächliche Rolle im »Sonderauftrag Linz« herunterzuspielen.

In den folgenden Jahren arbeitete Reimer als Denkmalpfleger im Kreis Döbeln. Er zog sich immer mehr zurück, brach bis auf wenige Ausnahmen jeden Kontakt mit der Außenwelt ab. Die Leute schüttelten über den Sonderling, der mehrmals in der Woche kilometerlange

Märsche in die Nachbarorte unternahm, den Kopf. Aber sie ließen ihn in Ruhe.

1971 schien ihn seine Vergangenheit noch einmal einzuholen. Der stellvertretende Ratsvorsitzende von Döbeln hatte Reimer vorgeladen, weil die Stasi ihn als »führenden Verantwortlichen des faschistischen Kunstraubes« entlarvt zu haben glaubte. Aber Reimer stritt alles ab. Er sei dazu 1946 von den Russen befragt und wieder freigelassen worden, da es sich um eine Verwechselung seiner Person gehandelt habe. Der tatsächlich gesuchte Reimer sei ein SS-Standartenführer, was er nie gewesen sei, beteuerte er. Der Stadtrat und die Stasi gaben sich mit der Erklärung zufrieden und legten den Fall zu den Akten.

Diesmal wollte der Döbelner Stasi-Chef Oberstleutnant Schmidt jedoch nicht klein beigeben. Am 16. Juni 1980 eröffnete er eine Operative Personenkontrolle (OPK) unter dem Decknamen »Robinson«, eine deutliche Anspielung auf die zurückgezogene Lebensweise des »Zielobjekts«.

Die genaue Aufklärung der Wohnung und der Lebensumstände Reimers erwies sich jedoch als eine echte Herausforderung für den Tschekisten. Denn im Jahre 1975 hatte sich der alte Mann von einem Tag auf den anderen in seine Villa zurückgezogen und war seitdem nicht mehr in der Öffentlichkeit gesehen worden. Alle Erledigungen außer Haus besorgte nunmehr seine Frau. Nachfragen hinsichtlich des seltsamen Verhaltens ihres Mannes beantwortete sie stets mit Hinweisen auf einen Herzinfarkt, den er kürzlich erlitten habe. Die Stasi jedoch, die Reimers Arzt (IM »Seidel«) befragte, stellte fest, daß dem alten Herrn nichts fehlte.

Seltsam war auch Reimers Verhalten, wenn Gäste ins Haus kamen, um die Ehefrau zu besuchen. In diesen Fällen versteckte er sich hinter Schränken oder im Nachbarzimmer und lauschte von dort den Gesprächen. Hatte er an den geäußerten Meinungen etwas auszusetzen, kam es vor, daß er sich lautstark aus dem Hintergrund in das Gespräch mischte, ohne sich aber zu zeigen. Schon bald ließ die Frau niemanden mehr in die Wohnung. Wenn es etwas zu besprechen gab, wickelte sie das mit dem Betreffenden im Hausflur ab.

Reimer und seine Frau bewohnten in ihrer Villa in der Grimmaischen Straße nur eine Etage. Das Erdgeschoss wurde von einer Kinderkrippe benutzt, in einer weiteren kleinen Wohnung lebte ein Untermieter.

Die 200 Quadratmeter große Wohnung der Reimers war voll mit schweren Schränken, deren Glastüren mit Decken verhängt waren, wußten die wenigen Besucher der Villa zu berichten. An den Wänden würden Gemälde hängen, zu zwei Zimmern seien die Türen verstellt worden.

Rudolf Schneider, ein heute 80jähriger Jugendfreund und der wohl einzige Vertraute Gottfried Reimers in Döbeln, bestätigt die Angaben: »Da standen viele alte, wertvolle Möbel herum, auch Gemälde gab es eine ganze Reihe. In den Schränken aber befand sich Gottfrieds ganzer Stolz: Hunderte, Tausende Bücher, eines kostbarer als das andere. Er zeigte mir auch Münzsammlungen, die er hier verborgen hatte, und sehr feines Porzellan. All das stammte nach seinen Angaben von den Eltern. Sein Vater war ein wohlhabender Rechtsanwalt und begeisterter Kunstsammler.«[8]

Oberstleutnant Schmidt aber mißtraute Reimer und dessen angeblich redlichem Erwerb der Kunstschätze.

Die Dresdner Genossen hatten berichtet, daß 500 Kunstgegenstände aus Dresdner Besitz nach dem Krieg unauffindbar geblieben waren, auch eine 200 Stück umfassende Kunstsammlung, die für Linz aussortiert worden sei, wäre verschollen. Führte Reimer vielleicht ein so zurückgezogenes Leben, um seinen Anteil an diesem Kunstraub zu vertuschen?

Auffällig fand Schmidt auch, daß Reimer in seiner Zeit als Denkmalpfleger häufig die Kirche im nahen Knobelsdorf besuchte, obwohl diese keinen kunsthistorischen Wert besaß. In dem in der Nähe befindlichen Rittergut Gebersbach waren während des Krieges Bilder der Dresdner Gemäldegalerie ausgelagert, von denen einige nach dem Krieg bei Dorfbewohnern aus der Umgebung sichergestellt wurden. Um die Knobelsdorfer Kirche befinde sich ein kircheneigener Gebäudekomplex mit Bewohnern, »deren kirchliche Bindung eine Befragung nicht ratsam erscheinen läßt«, wie Schmidt bemerkte.[9]

Der Döbelner Stasi-Chef setzte gleich vier Spitzel auf »Robinson« an: IM »Maler« sollte sich das Vertrauen des alten Mannes erschleichen, IMB »Arno« mit einem Dresdener Professor, den Reimer kannte, in dessen Wohnung gelangen; »Karl« und »Manfred« waren damit beauftragt, die Lebensgewohnheiten des Ehepaares und deren Wohnung auszuspionieren. »Die minimalsten Möglichkeiten (sind) zu nutzen, um Bildbeschreibungen abzugeben, so daß anhand der Gemälde, die im Flur aufgehangen sind, festgestellt werden kann, ob diese zum Kunstbesitz der DDR gehören«, wies der Oberstleutnant an.[10]

Unter Vortäuschung von Bauarbeiten für die Kinderkrippe sollten zudem als Handwerker getarnte Kunstsachverständige in Reimers Wohnung geschleust werden, plante Schmidt. Auch eine Brandschutzkontrolle sei geeignet, sich ein genaues Bild von der Wohnung zu machen.

Acht Monate später beschloß Schmidt, den Verdächtigen weiter einzukreisen. In einem »Operativplan Nr. 2« wies er unter anderem an, dem bisherigen Untermieter der Reimers eine neue Wohnung zuzuweisen, um einen IM in der Villa zu plazieren. Der Spitzel müsse so ausgebildet sein, daß er »sich späterhin ergebende operativ technische Maßnahmen realisieren« könne. Schon jetzt müsse die »Zweckmäßigkeit und Einsetzbarkeit operativer Technik in der Wohnung«, beispielsweise durch Nutzung der darunterliegenden Kinderkrippe, geprüft werden.[11]

Am 18. März 1981 meldete Oberstleutnant Schmidt die ersten Ermittlungserfolge an die BV Leipzig. So habe eine als Brandschutzkontrolle legendierte Besichtigung der Wohnung ergeben, daß es dort zwei geheime Zimmer geben müsse, zu denen keine Eingangsmöglichkeiten festgestellt worden seien. Als nächstes sei eine konspirative Wohnungsdurchsuchung vorgesehen. Schließlich plane er, Reimer wegen dessen verdächtigen Lebenswandels festzunehmen und eingehend nach den Kunstschätzen in seiner Wohnung zu befragen.

Den Leipziger Vorgesetzten wurde der Elan ihres Döbelner Genossen langsam unheimlich. Sie informierten die Zentrale in Berlin. Die Meldung erreichte General Neiber, der umgehend den für die Suche nach dem Bernsteinzimmer verantwortlichen Oberstleutnant Hans Seufert informierte.

»Mir fiel fast die Kaffeetasse aus der Hand, als ich davon hörte, was die Döbelner vorhatten«, erinnert sich

Hans Seufert. Seine Sondergruppe, die allen Spuren des Bernsteinzimmers nachgehen sollte, hatte auch vor, die wenigen noch lebenden Zeitzeugen aufzuspüren und eingehend zu befragen.

Ganz oben auf Seuferts Liste stand dabei Gottfried Reimer. Nicht zuletzt auf Drängen von Paul Enke, »der immer von der falschen Voraussetzung ausging, das Bernsteinzimmer habe unter Führervorbehalt gestanden, sei also für Linz bestimmt gewesen«, sagt Seufert. Dabei habe es dafür keine Hinweise gegeben.[12]

Allerdings hatten Zeugen ausgesagt, Reimer sei zu Kriegsende für die sichere Aufbewahrung des Bernsteinzimmers verantwortlich gewesen. Außerdem lägen Hinweise vor, wonach der Transport der Bernstein-Kisten im Jahre 1945 auch durch den Raum Dresden geführt habe. Zur gleichen Zeit war Reimer im Ausweichquartier des »Sonderauftrags Linz« auf Burg Weesenstein bei Pirna.

Schließlich klang auch der Bericht eines Dresdner Stasi-Spitzels, der sich an einen länger zurückliegenden Besuch in Reimers Wohnung erinnerte, vielversprechend. Danach sollten sich in der Villa neben diversen Kunstschätzen auch noch Unmengen von Dokumenten aus der NS-Zeit befinden. Offenbar habe Reimer, so vermutete der IM, »von allen Sachen noch einen Durchschlag für sich privat angefertigt«. Aus diesen Papieren könne man vielleicht noch Rückschlüsse auf Verstecke von Kunstschätzen ziehen.[13]

All dies nährte die Vermutung, daß der ehemalige »Linz«-Referent eine wertvolle Quelle für Informationen über den Verbleib des Bernsteinzimmers und anderer Kunstschätze sowie weiterer, in den NS-Kunstraub verwickelter Personen sein könnte. Dazu war es aber nötig, die Aktionen gegen Reimer sofort zu beenden. Seufert war klar, daß der Mann, hätte ihn die Stasi erst einmal festgenommen und seine Kunstschätze abtransportiert, zu keinem Gespräch mehr bereit gewesen wäre.

Der Oberstleutnant setzte sich mit Schmidt in Verbindung. Er sei persönlicher Referent des stellvertretenden Ministers, Generalmajor Neiber, klärte er den sächsischen Genossen auf. Die Kreisdienststelle Döbeln solle Reimer zwar weiter unter Beobachtung halten, aber nichts gegen ihn unternehmen, bat er. Das sei so mit General Neiber abgestimmt, unterstrich Seufert.

Der Döbelner Oberstleutnant mußte die Berliner Einmischung in »seinen« Fall zähneknirschend akzeptieren. Am 9. April 1981 teilte er Seufert mit, man habe jetzt einen alten MfS-Ordner in der Sache Reimer gefunden, »dessen verworrener Inhalt hier mangels Sachkenntnis nicht geklärt werden« könne, wie er süffisant vermerkte. In dem Ordner gehe es unter anderem um anonyme Schreiben im Zusammenhang mit Goldraub und dunklen Geschäften, um Beziehungen Reimers zu einem Dresdner Professor, mit dem er gemeinsam ungesetzlich erworbenes Gut verkaufen wolle, und um »seltsame Wanderwege«, die Reimer in der Umgebung Döbelns beschreite.

Seufert und seine Schatzsucher-Kollegen Enke und Rudolph begaben sich daraufhin umgehend nach Döbeln. Sie ließen sich den dubiosen Aktenordner zeigen, »aber die Unterlagen entpuppten sich als Phantastereien des übereifrigen Kreisdienststellenleiters«, wie Seufert heute abschätzig meint.[14]

Am 16. Juli 1981 sprach Seufert mit Oberstleutnant Schmidt das weitere Vorgehen ab. Reimer werde am

4. August durch Mitarbeiter der Hauptabteilung IX/11 in der Baracke des Wehrkreiskommandos Döbeln befragt, kündigte Seufert an. In dieser Zeit bestünde die Möglichkeit einer konspirativen Hausdurchsuchung. Dabei sollten alle aufgefundenen Aufzeichnungen und Dokumente aus der NS-Zeit fotografiert sowie – eine schier unlösbare Aufgabe – sämtliche Kunstgegenstände in der Wohnung auf ihre Herkunft kontrolliert und erfaßt werden, wies der Offizier aus Berlin an. Bei der Gelegenheit könne zudem Abhörtechnik installiert werden.

Seufert und Enke bereiteten die Befragung Reimers gründlich vor, die ein Hauptmann der Hauptabteilung IX/11 durchführen sollte. Die beiden wollten im Nachbarzimmer das durch ein verstecktes Mikrofon übertragene Gespräch belauschen. Sie erstellten einen vierzehnseitigen Fragenkatalog für das Verhör Reimers, das für die Woche vom 4. bis 8. August eingeplant war. Bei einigen Fragen notierten die beiden Stasi-Offiziere schon die richtigen Antworten, die das MfS aus vorhandenen Unterlagen kannte. Damit wollten sie testen, ob Reimer die Wahrheit sagt. Als Ziel der einwöchigen Befragung bezeichnete Seufert die »umfassende Abschöpfung des an maßgeblicher Stelle am faschistischen Kunstraub beteiligt gewesenen Dr. Reimer«.

So sollte »Robinson« ausführlich über seine 1943 verstärkt einsetzenden Reisen ins Erzgebirge, nach Österreich und Bayern berichten. Seufert erhoffte sich davon Aufschluß über weitere Geheimdepots der Nazis. Vor allem aber solle Reimer ihm Hinweise auf den Verbleib des Bernsteinzimmers liefern, das auf seinem Transport aus Königsberg via Dresden in der Nähe des Führer-Sonderbeauftragten gewesen sein müsse.

Viel Wert legten Seufert und Enke auf die Atmosphäre, in der die Befragung stattfinden sollte. Reimer durfte nicht das Gefühl bekommen, er sei zu einem Verhör vorgeladen, erklärte Seufert. Er schrieb daher dem Befrager aus der IX/11 genau auf, wie er es Reimer klarmachen könnte, daß man ausschließlich an dessen Expertenwissen interessiert sei und keine Ermittlungen gegen ihn plane. Ein kleiner Imbiss solle gereicht werden, empfahl Seufert, auch Erfrischungen dürften nicht fehlen. Wie auch die Frage nach persönlichen Sorgen und Problemen, bei deren Lösung man dem alten Herrn vielleicht behilflich sein könne. Ausdrücklich unterstrichen ist in den Notizen vom 31. Juli 1981 die Bemerkung: »Keine konspirative Hausdurchsuchung«. Tatsächlich findet sich in den überlieferten Akten des OPK »Robinson« auch kein Hinweis darauf, daß die zunächst geplante und von den Döbelner Genossen so eifrig vorbereitete Durchsuchung der Wohnung wirklich stattgefunden hat. Offenbar hatte sich die Berliner Zentrale mit ihren Interessen durchgesetzt, einen wichtigen Informanten zu schützen.

Die penibel vorbereitete Aktion begann mit einer Panne. Eindringlich hatte Seufert den Döbelner Stasi-Chef beschworen, daß seine Leute freundlich und taktvoll auftreten sollen, wenn sie den alten Herrn und dessen Frau zu der Befragung am 4. August abholen. »Aber die Horde trampelte die Treppen hoch und nahm Reimer kurzerhand fest«, erinnert sich Seufert. »Der Mann war völlig am Boden, als er uns gegenüber saß. Wir mußten ihn erst einmal beruhigen und ihm erklären, daß wir nur an seinem Wissen aus der NS-Zeit interessiert seien und nicht an einer Strafverfolgung seiner Person.«[15]

208

Doch das Gespräch, in das Seufert und vor allem Enke soviel Hoffnung gesetzt hatten, begann mit einer Ernüchterung. »Als erstes fragte uns Reimer, ob wir wissen, wo das Bernsteinzimmer geblieben ist. Damit war klar, daß er mit dieser Sache tatsächlich nichts zu tun hatte«, sagt Seufert.

Dennoch wurde Reimer fünf Tage lang befragt, jeweils von 10 bis 15.30 Uhr, mit Mittags- und Kaffeepause. Detailliert schilderte er die Arbeiten am »Sonderauftrag Linz«, war aber bemüht, seinen eigenen Anteil daran so gering wie möglich darzustellen. So bekamen die Stasi-Offiziere zwar einen recht konkreten Einblick in viele Bereiche der Kunstraub-Politik der Nazis; auf die sie wirklich interessierende Frage nach dem Verbleib des Bernsteinzimmers aber erhielten sie keine Antwort.

Trotzdem beschlossen Seufert und Enke, den Kontakt zu dem Sonderling aufrechtzuerhalten. Im Maßnahmenplan des SOV »Puschkin« für das Jahr 1982 liest sich dies als »Auf- und Ausbau stabiler Verbindungen zu Reimer (...) zur weiteren Abschöpfung und eventuellen Verbindungsaufnahme zu anderen interessanten Personen«. Außerdem solle »im Zusammenwirken mit Dr. Reimer« die Fotothek des Sonderauftrages Linz weiter bearbeitet und durch Teilbestände im Depot der Gemäldegalerie Dresden komplettiert werden.

Anfang Januar 1982 schloß die Döbelner Stasi ihre OPK »Robinson«. Reimer war jetzt für Seufert erfaßt, wodurch der ehemalige Kunsträuber der Nazis für alle anderen Diensteinheiten der Stasi tabu wurde.

Enke, der unter dem Decknamen »Paul Köhler« bei Reimer eingeführt worden war, kam bis zu seinem Tod 1987 mehrmals nach Döbeln, um mit dem ehemaligen

»Linz«-Referenten zu sprechen. Geschickt erkaufte sich das MfS das Vertrauen des alten Herrn. Seufert ließ den Elektromotor von Reimers Heimorgel reparieren und verschaffte dem Mann sogar eine Mindestrente. »Der hatte nie einen Rentenantrag gestellt, weil er in seinen Nachweisen als letzten Arbeitgeber vor Mai 1945 die Parteikanzlei der NSDAP stehen hatte. Und da fürchtete Reimer, wenn er dies angebe, dann gingen die Ermittlungen gegen ihn wieder von vorne los.«

Um welche Fragen es in Enkes Gesprächen mit Reimer ging, will Seufert auch heute nicht so recht offenlegen. »Reimer kannte noch ein paar Zusammenhänge und verschiedene Leute von damals, so daß wir unterschiedlichste Informationen, die wir bekamen, bei ihm nachprüfen konnten«, sagt er ausweichend. Auch habe man daran gedacht, sein Expertenwissen für eine geplante Dokumentation des faschistischen Kunstraubes zu nutzen.

Auf keinen Fall sei es um Reimers Kunstsammlung gegangen, stellt Seufert klar. »Das wirklich Wertvolle bei ihm war ja nur die Büchersammlung. Wir hatten keine Hinweise darauf, daß er sich Teile davon während des Krieges unrechtmäßig angeeignet hatte. Deswegen rieten wir ihm auch, die Übergabe der Bibliothek nach seinem Tod an die Dresdner Kunstsammlungen testamentarisch zu verfügen. Aber gedrängt haben wir ihn dazu nicht.«[16]

Der Kontakt zur Stasi hat Reimer offensichtlich vor der Beschlagnahme seines Kunstbesitzes durch die DDR-Behörden bewahrt. Sein Jugendfreund Rudolf Schneider bestätigte jedenfalls, daß Reimers Sammlung bis zu seinem Tod 1992 unangetastet blieb. Von einem Kontakt seines Freundes zum MfS weiß er aber nichts.

»Den konnte doch keiner mehr besuchen«, ist Rudolf Schneider überzeugt. »Der Gottfried ist immer mehr verlottert. Der hatte zum Schluß einen ganz langen Bart, lange Haare, nur noch schmutzige Kleidung. Die ganze Wohnung hat gestunken. Wenn ich mich nach dem Tod seiner Frau nicht um ihn gekümmert hätte, wäre der in seinem eigenen Dreck verhungert oder verdurstet«, sagt er.

Und wo sind Gottfried Reimers Kunstschätze geblieben? Nach dem Mauerfall wäre eine Cousine aus Hersbruck in Bayern aufgetaucht, aber Reimer habe sie gleich wieder rausgeschmissen, weil sie sich all die Jahre nicht um ihn gekümmert hatte, erzählt Rudolf Schneider. Als sein Freund dann gestorben war, »stand die schon einen Tag später auf der Matte und ist mit ihrem Mann und einem Anwalt die ganze Nacht im Haus geblieben. Am nächsten Tag fuhren sie wieder ab, nachdem sie die Schlösser ausgewechselt hatten«, erzählt er.

Eine Woche später seien zwei große Lkw vorgefahren und hätten die ganze Wohnung leer geräumt. »An das Haus kamen sie ja nicht heran, das hatte Gottfried in einem Testament einer jungen Arztstudentin vermacht.« Angeblich habe er auch ein Testament über die Kunstschätze anfertigen wollen, erzählt Rudolf Schneider, weil er seiner Verwandschaft nichts gegönnt habe. »Am Abend vor seinem Tod sagte Gottfried mir, er habe das Papier aufgesetzt. Aber seine Cousine will kein Testament gefunden haben.«

Seit dem Wochenende, als sie die Villa ausräumen ließ, habe er von Reimers Cousine nichts mehr gehört. Damals sei sie noch einmal in seine Wohnung gekommen, um sich zu verabschieden, erinnert sich Rudolf Schneider. »Sie sagte, es sei sehr nett gewesen, daß ich mich immer um Gottfried gekümmert habe. Und dann gab sie mir zwei Päckchen Kaffee – als Dankeschön für meine Mühen.«[17]

Im Wendeherbst 1989, neun Jahre nach der Eröffnung des Sicherungsvorgangs »Puschkin«, hatte die Seufert-Gruppe Dossiers von fast eintausend Personen angelegt. Unzählige Dokumente waren ausgewertet worden, um mögliche Verbindungen dieser Menschen zum Abtransport des Bernsteinzimmers herauszuarbeiten, viele von ihnen wurden befragt. Gut einhundert mögliche Verstecke des Kunstwerkes waren von Seuferts Leuten und deren Helfern aufgeklärt worden. Mehr als eine Million Mark hatte man in die bergbautechnische Erkundung und Erschließung von Stollen investiert, die zu Kriegsende von den Nazis zugesprengt worden waren. Doch alle Aktivitäten waren umsonst: Bis zuletzt gelang es der Stasi nicht, eine heiße Spur zum Bernsteinzimmer zu finden.

Der letzte Hinweis auf den Verbleib des »Weltwunders« traf Anfang Juni 1989 im MfS ein. Ein polnischer Bürger hatte sich als Mittelsmann eines westdeutschen Bekannten über seine Botschaft an die DDR gewandt. Der Westler könne den Vergrabungsort, der sich auf dem Gelände eines sowjetischen Übungsgeländes befinde, identifizieren, sagte der Pole. Er sei damals Zeuge gewesen, als KZ-Häftlinge die Kisten vergruben. Weil die Häftlinge anschließend erschossen wurden, verlange der Westdeutsche aber eine Garantie, daß er bei seiner Einreise in die DDR nicht festgenommen werde, teilte der polnische Mittelsmann mit.

Das Angebot aus Polen wurde der Seufert-Gruppe aber schon nicht mehr übermittelt. Längst hatte die

Das letzte Foto vom legendären Bernsteinzimmer vor der Demontage durch die deutschen Besatzungstruppen während des Zweiten Weltkrieges.

Stasi in der sich auflösenden DDR andere Sorgen. General Fister, der letzte Chef der Hauptabteilung IX, befahl daher lediglich, dem Polen eine freundliche Antwort zu übermitteln und um weitere Details zu bitten. Eine Großaktion wie bei dem Vorgang Klapper solle auf jeden Fall vermieden werden, wies der General noch an.

Doch auch wenn die Generalität das Interesse an der Schatzsuche verloren hatte – die Seufert-Gruppe forschte unerschütterlich weiter. Noch am 6. Oktober 1989, am Vorabend des 40. und letzten Jahrestages der DDR, wurde eine Information über die Bauten am ehemaligen Adolf-Hitler-Platz in Weimar – der spätere Karl-Marx-Platz – verfaßt. In dem gewaltigen Gebäudekomplex, der zu DDR-Zeiten die Weimarer Kongreßhalle, zwei Fachschulen und ein Internat beherbergte, existierten mehrgeschossige Kelleretagen. Diese waren durch zahlreiche Gänge untereinander verbunden und hatten zum Teil Zugänge zu weiteren, noch unbekannten unterirdischen Anlagen.

Die meisten dieser Gänge hatten die Nazis kurz vor Kriegsende jedoch unpassierbar gemacht, indem sie sie sprengten oder zumauerten. Da Bauzeichnungen aus jener Zeit fehlten, ließen Seuferts Leute zunächst die vorhandenen Kellerräume vermessen und mit den oberirdischen Bauten abgleichen. Erst wenn man daraus genauere Informationen gewonnen habe, so heißt es in dem Schreiben vom 6. Oktober 1989, sollten weitere Entscheidungen getroffen werden.

Dazu aber kam es nicht mehr. Das DDR-Volk spülte SED und Stasi im Wendeherbst 1989 aus den Ämtern. Seufert übergab zwar im Frühjahr 1990 das umfangreiche Aktenmaterial des SV »Puschkin« noch an das gerade gebildete Zentrale Kriminalamt in Ost-Berlin.

Doch die Wirren der Wendezeit ließen eine genaue Betrachtung des Materials nicht zu. Nach der deutschen Vereinigung wanderten die Akten zum Sächsischen Landeskriminalamt, von wo aus sie 1992 zur neu gegründeten Gauck-Behörde gelangten.

Auf ihrem Weg aus dem Stasi-Archiv via Polizeidienststellen zur Gauck-Behörde gingen große Teile des Vorgangs »Puschkin« auf ungeklärte Weise verloren. Erst im November 1999 wurde im Bestand der ehemaligen Hauptabteilung IX ein umfangreicher Teil der »Puschkin«-Akten wieder entdeckt. Auf rund 11 000 Seiten fanden sich Kopien von historischen Dokumenten, Dossiers über Zeitzeugen und Beteiligte des Nazi-Kunstraubes, Berichte über die Suche an möglichen Verbergungsorten und eine umfangreiche Sammlung von Presseartikeln zum Thema.[18]

Andere Bestandteile des SV »Puschkin«, die schon Jahre zuvor in der Behörde aufgetaucht waren, fehlten dagegen. Und Berichte über Kontakte und die Zusammenarbeit der Stasi mit Forscherkollegen aus dem Westen sucht die Behörde bis heute vergebens.

Nur wenig später, nachdem der überraschende Fund in der Gauck-Behörde an die Öffentlichkeit gedrungen war, begann vor dem Bremer Landgericht der Prozeß um den mißglückten Verkauf des Bernsteinzimmer-Mosaiks. Zu verantworten hatten sich am Ende nur noch zwei Beteiligte: der Notar Manhard Kaiser und eine Kauffrau, die als Vermittlerin tätig geworden war. Ihnen wurde Betrug vorgeworfen. Der Besitzer des Mosaiks, der nach der spektakulären Polizeiaktion im Mai 1997 behauptet hatte, das kostbare Stück rechtswirksam »ersessen« zu haben, war inzwischen verstorben.

Während sich der Prozeß, von der Öffentlichkeit kaum beachtet, träge dahinschleppte, setzte hinter den politischen Kulissen in Deutschland um die Jahrtausendwende herum ein bizarres Gezerre um das einzigartige Mosaik ein. Denn schon im Herbst 1999 hatte Bremens Bürgermeister Henning Scherf (SPD) frohgemut verkündet, das Einzelstück aus dem Bernsteinzimmer an die Russen zurückgeben zu wollen. Besiegelt worden sei die Übergabe am 5. Oktober 1999 in einem entsprechenden Abkommen mit dem russischen Kulturministerium. Mit »einvernehmlichen, zeitgleichen Schritten« habe man die Chance nutzen wollen, der festgefahrenen Diskussion um die Beutekunst neuen Schwung zu geben, begründete Senatssprecher Klaus Schloesser die Bremer Initaitive.[19]

Doch so ganz uneigennützig wollten die Bremer das Objekt der russischen Begierde auch nicht herausrücken. In dem Abkommen hatte Scherfs Stadtregierung mit Moskau vereinbart, im Gegenzug 101 grafische Blätter zu erhalten, die aus der Bremer Kunsthalle stammen. Die Stiche und Grafiken, darunter Werke von Dürer und Goya, waren während des Krieges in die Mark Brandenburg ausgelagert worden, wo sie nach Kriegsende von den Russen gefunden und nach Moskau gebracht wurden. Da die ausgelagerten Schätze aus der Bremer Kunsthalle 1945 nicht auf Befehl der sowjetischen Militäradministration beschlagnahmt, sondern von Soldaten als „Kriegstrophäe" mit nach Hause genommen wurden, fielen sich nicht unter die von der Duma 1999 nationalisierte Kriegsbeute.

Doch der vielversprechende Tausch wurde noch in letzter Minute gestoppt – vom deutschen Außenministerium. Dort war man über den Bremer Alleingang verärgert. Die Bundesregierung müsse Wert darauf legen, daß die Außenvertretung Deutschlands ihre Ordnung behalte, stellte Bundeskanzler Gerhard Schröder am 25. Januar bei einem Besuch in Bremen klar. Gleichzeitig einigte er sich mit dem Bremer Regierungschef Scherf darauf, das Bernsteinzimmer-Mosaik „unverzüglich nach der russischen Präsidentenwahl" Ende März 2000 an Moskau zurückzugeben.[20]

Politische Beobachter hatten vermutet, daß sich hinter dem Kompetenzgerangel zwischen Bremen und Berlin auch ein Streit um das weitere Vorgehen in der Beutekunst-Diskussion verberge. Immerhin hatte die Bundesregierung mit dem Kleinod aus dem Bernsteinzimmer den bis dato größten Pfand in den komplizierten Verhandlungen über die Herausgabe der von der Sowjetunion nach Kriegsende beschlagnahmten Kunstwerke in der Hand.

Der neue starke Mann im Kreml, Wladimir Putin, soll nach dem Willen Deutschlands die widerstrebende Duma in diesem Punkt umstimmen. Erste positive Signale dafür glauben Experten bereits ausgemacht zu haben. Folgerichtig war die Frage der Beutekunst dann auch eines der Themen bei dem ersten Besuch von Außenminister Joschka Fischer beim amtierenden russischen Präsidenten Putin am 20. Januar 2000. Auch wenn es offiziell dementiert wurde, gilt es doch als sicher, daß bei diesem Gespräch auch jenes kleine kostbare Mosaik eine Rolle spielte, das an einem Vormittag im Mai 1997 von einer ungestümen Polizeieinheit in einer Bremer Anwaltskanzlei sichergestellt werden konnte.

Epilog

Das Geheimnis von Schacht 311

Gemessen am Aufwand, hat die jahrzehntelange verbissene Suche der Stasi nach der Hinterlassenschaft des Nazi-Regimes nur magere Erfolge erzielt. Am Ende lief Mielkes Mannen die Zeit davon. Die Stasi-Burgen wurden vom Volk gestürmt, die Auflösung des verhaßten Ministeriums unter öffentliche Kontrolle gestellt.

Aber wie es scheint, ist für die Stasi die intensive Beschäftigung mit der Frage, auf welche Weise die Nazis vor dem Untergang ihres tausendjährigen Reiches Vermögenswerte und belastende Unterlagen beiseite schafften, nicht umsonst gewesen. Fest steht, daß das MfS ab 1988 detaillierte Planungen in Angriff nahm, um ein »Operieren in einem vom Feind besetzten Land« zu ermöglichen. Planungen, die fatal an die Überlebensstrategie der Nazis gegen Kriegsende erinnern. So wurden streng geheime Befehle und Weisungen erlassen, die heute unauffindbar sind, Häuser und Grundstücke im In- und Ausland von Strohmännern gekauft, »schwarze Kassen« eingerichtet und brisante Akten in raffinierte Verstecke ausgelagert.

Zehn Jahre nach dem Ende von SED und Stasi verstummen noch immer nicht die Mutmaßungen um prall gefüllte Bankdepots im Ausland, die nicht zuletzt dafür eingesetzt werden sollen, die Gunst der neuen Machthaber zu erkaufen – diese Gerüchte werden durch die CDU-Parteispendenaffäre eher noch angeheizt. Existieren darüber hinaus geheime Aktenverstecke, in denen noch heute brisantes Erpressungsmaterial aus den Stasi-Archiven lagert?

Einer dieser geheimnisumwitterten Orte liegt im Erzgebirge. Er war das Ziel einer kaum bekannt gewordenen Rettungsoperation, die vom Auflösungskomitee der Hauptverwaltung Aufklärung im Frühjahr 1990 in Gang gesetzt wurde und die bis heute unaufgeklärt ist – der ehemalige Schacht 311 der Wismut in Schneeberg.

In ein paar Jahren ist alles vorbei. Dann wird das Wasser, das im kilometerlangen Geflecht der Wismut-Schächte unaufhörlich steigt, auch den Schacht 311 erreichen und all das zerfressen, was in ihm seit Jahren ruht: alte DDR-Banknoten, ungültig gewordene Verträge, ausgediente Formulare, fehlgedruckte Pässe.

Dann werden vielleicht auch die Gerüchte um jene Lastkraftwagen verstummen, die irgendwann im Frühjahr 1990 bei Nacht und Nebel durch die erzgebirgischen Dörfer Hartenstein und Wildbach fuhren, um kurz vor Schneeberg links in den Wald abzubiegen. Ihr Ziel soll der Wismut-Schacht 311 gewesen sein. Der war schon ein Jahr zuvor, im Frühjahr 1989, geöffnet worden, weil die DDR-Staatsbank – wie schon 1984 – alte Banknoten entsorgen wollte.

Die Laster aber, so munkeln die Leute in den Dörfern, kamen nicht von der Staatsbank. Stasi-Akten seien damals klammheimlich durch die Metallröhren des Betondeckels in den 500 Meter tiefen Schacht geworfen worden. Akten, die so geheim waren, daß sie niemand mehr in die Hände bekommen durfte.

Februar 1990: Während am Zentralen Runden Tisch noch über die Formalitäten der MfS-Auflösung gestritten wurde, ging man in der HVA bereits emsig ans Vernichtungswerk. Tag und Nacht, in 24-Stunden-Schichten, wurden die Arbeitsschränke im HVA-Block in der Normannenstraße ausgeräumt. Hier lagerten die Arbeitsakten der Agentenführer, in denen die Berichte und Operationen, die Firmen und Geschäfte der West-Spione akribisch festgehalten waren.

Das Problem war nur, daß den Abteilungen kaum Vernichtungsapparate zur Verfügung standen. Nur über »zwei bis drei kleine Ost-Häcksler« verfügte jede Abteilung, um die Arbeitsakten der Spione zu zerschreddern, wie sich ein Beteiligter erinnert. »Die dicken Akten mußten wir Blatt für Blatt durch den Häcksler jagen«, erzählt er. »Nach kurzer Zeit fingen die Häcksler zu glühen an, und wir mußten warten, bis sie sich wieder abgekühlt hatten.«[1]

Als ein Gerät nach dem anderen den Geist aufgab, verstaute man die Akten nur noch in Säcke, die am Ende einer Schicht mit Lastern weggefahren wurden. So war es abgesprochen mit der Arbeitsgruppe Sicherheit vom Zentralen Runden Tisch. Die Bürgerrechtler hatten sich im Februar 1990 von der HVA-Führung einreden lassen, daß eine Auflösung des Spionageapparates durch das Bürgerkomitee die nationalen Interessen beider deutscher Staaten gefährden würde.

Ziel der Lkw-Transporte war das Stasi-Objekt in der Hohenschönhausener Roedernstraße. Bis zum 15. März luden dort insgesamt 30 Lkw mit Hänger das in Säcke verstaute HVA-Erbe ab. Legt man die interne Berechnungsgrundlage der Stasi-Auflöser zugrunde, wonach ein Lkw rund 100 laufende Meter Akten fasse und ein

Hänger mindestens 50 Meter, dann ergibt sich die beeindruckende Menge von viereinhalb Akten-Kilometern. Auf einzelne DIN-A4-Blätter umgerechnet, dürften die verbliebenen 250 HVA-Auflöser vor der schier unlösbaren Aufgabe gestanden haben, mehr als 30 Millionen Blatt Papier zu zerhäckseln.

Hinzu kam, daß den HVA-Leuten die Zeit im Nacken saß, nachdem die Volkskammerwahlen am 18. März von der CDU gewonnen worden waren. »Wir hatten nach dem 18. März festgelegt, die Vernichtung der Akten auf höchstmögliche Geschwindigkeit zu beschleunigen«, sagte Bernd Fischer, Ex-Oberst und HVA-Chefauflöser, Mitte der neunziger Jahre als Zeuge in einem Prozeß vor dem Hanseatischen Oberlandesgericht aus. »Wir beschlossen für uns, daß bis zum Amtsantritt der neuen Regierung alles vernichtet sein würde, was Agenten überführen und belasten könnte. Die Entscheidung darüber, welches Material hiervon betroffen war, haben wir selbst getroffen.«

Es dürfte sich dabei um den größten Teil der HVA-Akten gehandelt haben, und zwar die sogenannten Vorgangsakten, in denen die Tätigkeit der HVA-Spione im Westen und im Osten protokolliert war. Welche Dimensionen das ausmachte, läßt ein Papier vom 30. März 1990 erahnen, das von Auflösungs-Chef Bernd Fischer unterzeichnet ist. In diesem mit »Hauptaufgabenstellung/Planung« überschriebenen Dokument ist unter Punkt 1.4 die »Vernichtung der Vorgangsunterlagen nach Plan der Auflösung in den ehemaligen Diensteinheiten« aufgeführt. Vorgesehener Abschlußtermin trotz »höchstmöglicher Geschwindigkeit«: 30. April 1990.

Aber die auf einen Monat terminierte Vernichtung der HVA-Akten war, so belegt es ein handschriftlicher Vermerk Fischers auf dem Dokument, bereits am 12. April abgeschlossen – an dem Tag, als die neue Regierung unter Lothar de Maizière ihre Amtsgeschäfte übernahm. Schon am Vortag gab es für die übervorsichtigen HVA-Auflöser einen weiteren Grund zum Aufatmen: Wie Fischer vermerkte, war am 11. April die Vernichtung des »noch vorhandenen Kartei- und Sicherheitsfilmbestandes« beendet worden.

Wie haben die HVA-Auflöser ihre vorfristige Planerfüllung geschafft? Hatten sie zusätzliche Technik bekommen, weitere Hilfskräfte, die die Häcksler bedienten? Klaus Eichner, Ex-Oberst der HVA und einer der in der Roedernstraße verantwortlichen Auflöser, druckst herum: »Ich weiß das nicht so genau. Ich gehe davon aus, daß wir genug Anlagen hatten, um alles zu zerhäckseln.«[2]

Doch dies war nach anderen Aussagen keineswegs der Fall – warum auch sonst zogen die Auflöser in Betracht, HVA-Akten in einem Geheimschacht der Wismut zu versenken? Ein internes Dossier aus dem Staatlichen Komitee zur Stasi-Auflösung vom 6. April 1990 gibt Auskunft über dieses spektakuläre Vorhaben.[3] Danach war geplant, einen Teil der HVA-Akten mitsamt weiterer MfS-Dokumente in den Schacht 311 bei Schneeberg abzukippen. »Bei den Vorabsprachen wurde von ca. 100 Lkw-Ladungen gesprochen und als möglich akzeptiert«, notiert der mit der Prüfung des Vorhabens beauftragte HVA-Offizier Hartmut Kretschel, gleichzeitig Mitarbeiter im Staatlichen MfS-Auflösungskomitee, in dem Geheimpapier.

Ja, man habe ernsthaft geprüft, Stasi-Akten in diesen Schacht zu schaffen, bestätigt der damalige Vize-Chef des Auflösungskomitees, Klaus Eichler. Er habe dazu seinen Mitarbeiter Kretschel in den Bezirk Karl-Marx-Stadt zu Vorgesprächen mit Wismut-Verantwortlichen geschickt.[4]

Diese Vorgespräche waren offenbar recht erfolgreich. Mit einer Einlagerung könne sofort begonnen werden, informierte Kretschel nach seiner Rückkehr aus dem Erzgebirge am 6. April 1990. Die Maßnahme müsse jedoch offiziell, am besten per Telegramm, bei der Wismut-Führung beantragt werden. Das »persönliche Gespräch« mit dem Vorsitzenden des Rates des Kreises Aue würde Kretschel selbst übernehmen.

Auch über praktische Probleme hatte sich Kretschel bereits Gedanken gemacht: So schlug er vor, »NVA-Fahrzeuge für den Transport von der Normannenstraße zum Schacht und alle zur Verfügung stehenden Lkw des Komitees (für den Transport) von der Roedernstraße zum Schacht« zu organisieren. »12 bis 15 ehemalige Mitarbeiter (sollten) in drei Schichten zur Einlagerung des Materials in den Schacht« eingesetzt werden, »Arbeit rund um die Uhr«. Als Termin für die »Realisierung der Maßnahme« schlug Kretschel die Woche vom 17. bis 20. April 1990 vor.*

Klaus Eichler, der im Staatlichen Auflösungskomitee für die Stasi-Akten zuständig war, bestreitet heute, daß der Plan mit dem Schacht umgesetzt worden sei. Es sei letztlich am Geld gescheitert: »Das gab der Haushalt des Komitees nicht her.« Ob die HVA allerdings »im Alleingang« den Schacht mit ihren Akten bestückt hat, kann er nicht ausschließen. »Das weiß ich nicht.«[5]

---

* Nach der Auflösung der Stasi versuchte sich Kretschel übrigens als Unternehmer. In Berlin gründete er eine eigene Firma, die sich bezeichnenderweise auf Aktenvernichtung spezialisierte!

So wie einst brisante Akten der NS-Zeit in Seen versenkt und in Stollen vergraben wurden, könnten die Vorgangsakten der DDR-Spione in einem Bergbauschacht der Wismut »beerdigt« worden sein.

Kamen die Lkw, die die Dörfler von Hartenstein und Wildbach seinerzeit aus dem Schlaf rissen, also aus dem HVA-Objekt Roedernstraße?

Ex-HVA-Oberst Eichner schließt das aus: »Bis ins Erzgebirge mit einem Lkw-Konvoi zu fahren, das hätte damals nicht geklappt. Da hätte uns das Bürgerkomitee schon vorher abgefangen«, sagt er. Tatsächlich aber wäre ein Alleingang der HVA-Auflöser aus der Roedernstraße ohne Probleme möglich gewesen, da die Geheimdienstler faktisch ohne Kontrolle durch Komitee und Bürgerrechtler agieren konnten.

Und was meint die Wismut GmbH in Chemnitz? Dort will sich heute niemand mehr so recht an die Vorgespräche mit dem Auflösungskomitee erinnern. Immerhin räumen Wismut-Mitarbeiter ein, daß die Umzäunung, mit der im Frühjahr 1990 der Schacht gesichert war, »mehrfach und erheblich von Unbekannten zerstört worden ist«. Offiziell bekannt sei aber lediglich, daß nach dem 12. September 1990 Unterlagen der Leipziger Wertpapierdruckerei in den Schacht eingebracht wurden, darunter ungültige Verträge, Fehldrucke und Formulare. Danach hat die Wismut den knapp sechs mal vier Meter großen Einstieg zum Schacht 311 mit einer meterdicken Betonplatte und Tonnen von »Haufwerk«, wie es heißt, »dauerhaft und endgültig verwahrt«.

Das Grundstück, auf dem sich der Schacht befindet, hat die Gemeinde Schneeberg inzwischen an einen privaten Schrotthändler verpachtet.

Eine neuerliche Öffnung des Schachts würde Hunderttausende von DM kosten. Zu viel Geld für die vage Hoffnung, dort die letzten Geheimnisse der Stasi-Westagenten zu finden.

Anhang

Quellenangaben

Geplünderte Safes, aufgebrochene Schließfächer (S. 13 – 37)

1 »Bericht über wesentliche Mängel und Mißstände in den Sparkassen, Banken … und anderen Finanzinstituten«, MfS
   2.8.1962, BStU. Die Unterlagen zur »Aktion Licht« sind im Zentralarchiv des Bundesbeauftragten für die Stasi-Unterlagen
   (BStU) unter der Signatur HA XVIII, Nr. 13326 u. 13327 abgelegt.

2 Ebenda

3 Ebenda

4 Schreiben von Mielke an den Leiter der Bezirksverwaltung Potsdam, Oberstleutnant Mittig, Berlin 9.1.1962, BStU. Mittig,
   zuletzt Generaloberst, war ab 1975 der 1. Stellvertreter von
   Mielke. Ähnliche Schreiben erhielten auch sämtliche andere Be-
   zirkschefs der Stasi.

5 Ebenda

6 »Der Beitrag der Organe des MfS bei der konsequenten Verfol-
   gung von Nazi- und Kriegsverbrechen und Verbrechen gegen die
   Menschlichkeit«, Diplomarbeit von Major Dieter Skiba, Hauptabteilung IX/11, Juristische Hochschule Potsdam, 13.11.1980,
   JHS VVS 384/80, K 414, BStU

7 Heribert Schwan: »Erich Mielke – Der Mann, der die Stasi war«,
   München 1997, S. 81

8 Vgl. »Ulbrichts willige Vollstrecker«, in: *Die Woche*, 1.11.1996

9 Vgl.: Andreas Förster: »Die Wien-Connection – auf der Spur der
   Stasi-Millionen«, Berlin 1998, S. 182ff

10 Vgl.: Heinz Höhne: »Der Krieg im Dunkeln«, München 1985

11 »Der Beitrag der Organe des MfS …«, Diplomarbeit von Major
   Dieter Skiba, Hauptabteilung IX/11, Juristische Hochschule
   Potsdam, 13.11.1980, BStU

12 Ebenda

13 Ebenda

14 Durchführungsbestimmung Nr. 2 zum Befehl 39/67, Berlin
   1.2.1968, BStU

15 »Bericht über die Ergebnisse einer Überprüfung von Tresoren,
   Safes und Blockschließfächern in den Einrichtungen des soziali-
   stischen Finanzwesens, den Gebäuden und Einrichtungen ehemaliger kapitalistischer Bankunternehmen und anderen Objekten der Volkswirtschaft«, MfS, 11.7.62, BStU

16 Verfügung des Ministers der Finanzen Nr. 43/62, Berlin 14.9.1962, BStU

17 Bericht gemäß Verfügung des Ministers der Finanzen Nr. 43/62, Berlin 23.10.1962, BStU

18 Vgl. hierzu Bericht des 1. Untersuchungsausschusses (»Schalck-Ausschuß«) des Deutschen Bundestages, Bonn 27. Mai 1994, Bundestags-Drucksache 12/7600

19 Lebenslauf, Berlin 12. Juni 1966, in: Deutscher Bundestag, Drucksache 12/7600, Anlagenband 1, S. 257ff

20 Deutscher Bundestag, Drucksache 12/3462, Erster Teilbericht des 1. Untersuchungsausschusses (»Schalck-Ausschuß«), S. 48ff

21 Später, vor allem in den achtziger Jahren, agierte das Amt sogar auf internationalen Geldmärkten und unterstützte Schalcks KoKo bei dubiosen Finanzgeschäften. Vgl. hierzu Peter Ferdinand Koch: »Das Schalck-Imperium lebt«, München 1992, S. 150

22 Bericht der Hauptabteilung XVIII, Berlin 23. Februar 1971, BStU

23 Aktenvermerk, gefertigt von Hauptmann Wilberg, MfS HA XVIII/4/2, Berlin 23. Februar 1971, BStU.

24 Ebenda

25 Gespräch des Autors mit Hans Seufert, November 1999

26 Aktenvermerk, gefertigt von Hauptmann Wilberg, MfS HA XVIII/4/2, Berlin 23. Februar 1971, BStU.

Aktien gegen Dollar (S. 38 –73)

1 Treffbericht, MfS HA III/1/C, Berlin 23.2.1959, BStU

2 Vermerk, MfS HA III, Berlin 17.3.1959, BStU

3 Ebenda

4 Treffbericht, MfS HA III/1/C, Berlin 29.11.1961, BStU

5 Bericht, MfS HA III/1, Berlin 17.12.1960, BStU

6 Treffbericht, MfS HA III/1/C, Berlin 29.11.1961, BStU

7 Aktenvermerk, gefertigt von Hauptmann Wilberg, MfS HA XVIII/4/2, Berlin 23. Februar 1971, BStU

8 Vgl.:«SPD wirft Kanzleramt Verschleierung vor«, in: *Berliner Zeitung*, 17.6.1998

9 Vgl. Deutscher Bundestag, 12. Wahlperiode, Drucksache 12/4500, »Dritter Teilbericht des 1. Untersuchungsausschusses«, Bonn 3.3.1993, und Drucksache 12/4970, »Zweite Ergänzung zum dritten Teilbericht des 1. Untersuchungsausschusses«, Bonn 12.5.1993

10 Vermerk von Manfred Seidel, Berlin 13.5.1987, in: Seiffert/ Treutwein: »Die Schalck-Papiere«, München, 1992, S. 270

11 Vgl.: Deutscher Bundestag, 12. Wahlperiode, Drucksache 12/8595, »Beschlußempfehlung und ergänzender Bericht des 1. Untersuchungsausschusses«, Bonn 2.11.1994, S. 29

12 MfS/XV 1326/63, Bericht IMB »Sohle«, HA XVIII/7, undatiert, BStU. Die umfangreichen Berichte des IMB »Sohle« sind im Zentralarchiv des Bundesbeauftragten für die Stasi-Unterlagen unter der Signatur MfS AIM 818/81 abgelegt.

13 Vgl.: »Der Schatz vom Erlaufsee«, in: *WirtschaftsWoche* Nr. 48, Wien 12.11.1992

14 MfS/XV 1326/63, Bericht des IMB »Sohle«, Hauptabteilung XVIII, Berlin 29.5.1978, BStU

15 MfS/XV 1326/63, Bericht des IMB »Sohle«, Hauptabteilung XVIII/8, Berlin 7.11.1973, BStU

16 Vgl. Stenographisches Protokoll der 57. Sitzung des 1. Untersuchungsausschusses, Bonn 19.3.1992

17 MfS/XV 1326/63, Bericht von IMB »Sohle«, HA XVIII/7, Berlin 25.4.1975 und 22.5.1975, BStU

18 MfS/XV 1326/63, Berichte von IMB »Sohle«, HA XVIII/7, Berlin 12.8.1975 und 10.11.1975, BStU

19 Ebenda

20 MfS/XV 1326/63, Bericht von IMB »Sohle«, HA XVIII/7, Berlin 11.9.1975, BStU

21 Bericht von IMB »Sohle«, HA XVIII/7, Berlin 10.11.1975, BStU

22 Bericht von IMB »Sohle«, HA XVIII/7, Berlin 15.3.1978, BStU

23 MfS/XV 1326/63, Bericht von IMB »Sohle«, HA XVIII/7, Berlin 29.5.1978, BStU

24 Deutscher Bundestag, 12. Wahlperiode, Drucksache 12/4970, »Zweite Ergänzung zum dritten Teilbericht des 1. Untersuchungsausschusses«, Bonn 12.5.1993, S.12

25 Schreiben des BaRoV, Pressestelle, an den Autor vom 24.11.1999

26 »Auf einen Schlag pleite«, in: *Der Spiegel*, 4/1999

27 Schreiben des BaRoV, Pressestelle, an den Autor vom 24.11.1999

Munition gegen Abs (S. 74 – 107)

1 Gespräch des Autors mit Eberhard Czichon, Januar 2000

2 Zusätzliche Bemerkungen zum Bericht vom 2.2.68 (Tammer/ Czichon), BStU. Die umfangreichen Unterlagen zum Czichon-

Prozeß sind im Zentralarchiv des Bundesbeauftragten für die Stasi-Unterlagen unter der Signatur MfS HA IX/11, FV 87/70 abgelegt.

3 Gespräch des Autors mit Eberhard Czichon, Januar 2000
4 Ebenda
5 »Information über Kontaktversuche im Interesse westdeutscher Stellen an Aktenmaterialien der ehemaligen Deutschen Bank«, Büro der Leitung (II) an Genossen Minister, Berlin, 8. April 1968, BStU
6 Gespräch des Autors mit Eberhard Czichon, Januar 2000
7 »Information über die bei dem DWI lagernden Aktenbestände der Deutschen Bank und der Dresdener Bank«, MfS, Berlin 20.4.1968, BStU
8 Vgl. *Tägliche Rundschau*, Berlin 12.8.1952
9 »Männer, Mächte, Machenschaften«, in: *Freiheit*, Halle 16.5.1961
10 Vgl. *Junge Welt*, 2.10.1951
11 MfS HA IX/11, FV 87/70
12 Das MfS berief sich bei seiner Darstellung dazu auf die Broschüre Nr. 31/110 A, herausgegeben vom US-Kriegsministerium im März 1945, die allerdings nicht in den Akten auftaucht. MfS HA IX/11, FV 87/70
13 Vgl. Office of Military Government for Germany (U.S.) O.M.G.U.S.,: »Report on the Investigation of the Deutsche Bank«, November 1946, S.1
14 »Das Deutsche Bank-Geheimnis«, in: *Die Zeit* 34/98, 13.8.1998
15 Vgl. hierzu Bundesarchiv Berlin, Bestand R 8119 F, Bd. 10564
16 Ebenda
17 MfS-Hauptabteilung IX/11, FV 87/70, Band 17, BStU
18 Vgl. hierzu Bundesarchiv Berlin, Bestand R 8119 F, Bde. 2063/2064
19 Eberhard Czichon: »Die Bank und die Macht«, Köln 1995, S.7f.
20 Wilhelm Treue »›Imperialismus‹ der Banken«, in: *Das Parlament*, Beilage, Bonn 33/71, 14.8.1971
21 »Information«, Berlin 5.1.1971, MfS HA IX/11, BStU
22 Gespräch des Autors mit Eberhard Czichon, Januar 2000
23 »Information über getroffene Festlegungen zum weiteren Vorgehen in der Sache Abs«, MfS HA IX, Berlin 22.2.1971, BStU
24 Ebenda
25 Günter Bohnsack: »Die Legende stirbt«, Berlin 1997, S. 111
26 »Information über getroffene Festlegungen zum weiteren Vorgehen in der Sache Abs«, MfS HA IX, Berlin 22.2.1971, BStU

27 Ebenda

28 »Information über den Abschluß der Ermittlungen in der Sache Abs«, MfS HA IX, Berlin 14.9.1971, BStU

29 Brief von Albert Norden an Erich Mielke, Berlin 17.3.1971, BStU

30 Vgl. Briefentwurf Mielkes an Norden, 24.3.1971, BStU

31 Vermerk von Leutnant Rudolph, MfS HA IX, 18.8.1971, BStU

32 Handschriftliche Notizen von Leutnant Rudolph, HA IX, undatiert, BStU

33 Urteil der 17. Zivilkammer des Landgerichts Stuttgart vom 27.6.1972

34 Gespräch des Autors mit Dr. Manfred Pohl, Februar 1999

35 Vermerk von Major Skiba, MfS HA IX/11, 26.1.88, MfS AV 21/75, BStU

36 Schreiben der Deutschen Bank an das Ministerium des Innern, 6.4.1987, MfS AV 21/75, BStU

37 Information, Major Skiba, HA IX/11, 4.5.1987, BStU

38 Stellungnahme des Amtes für Rechtsschutz des Vermögens der DDR, Juli 1987, BStU

39 Entscheidungsvorschlag, Ministerium des Innern, Staatliche Archivverwaltung, Juli 1987, BStU

40 Schreiben des Amtes für Rechtsschutz an das Ministerium des Innern, Staatliche Archivverwaltung, 7.7.1989, BStU

41 MfS AV 21/75, BStU

Waffenhändler mit dubiosen Versprechungen (S. 108 – 134)

1 »Bericht btrfd. der Bergung ehemals Göringschen Eigentums«, undatiert, MfS-Rechtsstelle, MfS FV 11/81, BStU

2 Ebenda

3 Ebenda

4 Ebenda

5 Gespräch des Autors mit M. Klapper, Mai 1999. Vgl. auch Peter Ferdinand Koch: »Der Fund – Die Skandale des *Stern*«, Hamburg 1990, S. 394f

6 Gespräch des Autors mit G. Heidemann, November 1999

7 Eine ebenso gründliche wie ausgewogene Analyse der Hintergründe und Verantwortlichkeiten beim Skandal um die gefälschten Hitler-Tagebücher findet sich in dem Buch »Der Fund – Die Skandale des *Stern*« von Peter Ferdinand Koch, erschienen 1990 in Hamburg.

8 Gespräch mit dem Autor, November 1999

9 Abschlußbeurteilung für den IMB »Rose« von Major Milarg, HA VII/13, Berlin 4.6.1985, BStU

10 Gespräch mit dem Autor, Mai 1999

11 Gespräch mit dem Autor, November 1999

12 MfS, HA IX, Übergabe-/Übernahmeprotokoll, Berlin 11.12.1986, MfS XV/815/87, Gesperrte Ablage, BStU

Mit Hacke und Spaten (S. 135 – 144)

1 Bericht über das Ergebnis geführter Ermittlungen, MfS HA IX/7, 8.10.1986, MfS XV/815/87, Gesperrte Ablage, BStU

2 Aktenvermerk des MfS, 19.9.1986, MfS XV/815/87, Gesperrte Ablage, BStU

3 Vgl. Deutscher Bundestag, 12. Wahlperiode, Drucksache 12/4500, »Dritter Teilbericht des 1. Untersuchungsausschusses«, Bonn 3.3.1993, und Drucksache 12/4970, »Zweite Ergänzung zum dritten Teilbericht des 1. Untersuchungsausschusses«, Bonn 12.5.1993

4 »Information«, Berlin 12.9.1986, MfS XV/815/87, Gesperrte Ablage, BStU

5 Ebenda

6 Ebenda

Die Legende vom Toplitzsee (S. 145 – 167)

1 Vgl. Rena und Thomas Giefer: »Die Rattenlinie«, Weinheim 1991, S. 89

2 Gespräch des Autors mit H. Riegel, 1997

3 Rena und Thomas Giefer: »Die Rattenlinie«, Weinheim 1991, S. 88

4 Gespräch des Autors mit H. Riegel, 1997

5 Ebenda

6 Diese und folgende Angaben zu Julius Mader sind seiner MfS-Personalakte entnommen, die beim Bundesbeauftragten für die Stasi-Unterlagen unter der Registrierung MfS ZAIG Nr. 16380 einsehbar ist.

7 Aktennotiz über ein Kadergespräch mit »Faingold«, Abteilung Agitation, Berlin 29.8.1973, MfS ZAIG Nr. 16380, BStU

8 Gespräch des Autors mit H. Riegel, 1997

9 Ebenda

10 Gespräch mit dem Autor 1996

11 »IM Caesar und die Altnazis«, in: *Focus* vom 8.12.1997

12 Gespräch mit dem Autor 1996

13 »Mit Cäsar gegen Bonn am Rhein«, in: *Berliner Zeitung*, 29.10.1996

14 Gespräch mit dem Autor, 1997

15 Gespräch mit dem Autor, 1996

16 Vgl. Ladislav Bittman: »Geheimwaffe D«, Bern 1973, S. 66ff

17 Gespräch mit dem Autor, 1997

18 Gespräch mit dem Autor, 1997

19 »Mehr als Fische und Falschgeld«, in: *Der Spiegel*, 3/2000

Im Berliner Untergrund (S. 168 – 183)

1 Bundesarchiv Bern, E 4320 (B) 1984/29, Bd. 57, C.12.35

2 Vgl. MfS HA IX/11, AV 24/88, BStU

3 Fritz ter Meer: Die IG-Farbenindustrie AG. Ihre Entstehung, Entwicklung und Bedeutung, Düsseldorf 1953

4 Aktennotiz der Frankfurter Direktionsabteilung, 8.2.1929

5 Vgl. dazu: Hermann Schreyer: »Der IG-Farben-Konzern, seine Vorgänger und Nachfolger«; in: *Archivmitteilungen* 3 und 4/66, Ost-Berlin

6 Vgl. Berner Bundesarchiv, E 4320 (B) 1984/29, Bd. 57, C.12.35

7 Information, MfS HA VII/7, Major Striegel, Berlin 11.1.1989, BStU

Hoffen auf Robinson (S. 184 – 217)

1 Vgl. *Geo* vom 1.5.1997

2 Vgl. *Stern*, 22/97, S. 162ff

3 »Tränen unserer Vorfahren«, in: *Der Spiegel* 22/1997, S. 198ff

4 Vgl. »Da kam ein Schweizer Unternehmen des Wegs«, in: *Berliner Zeitung*, 3.11.1990

5 Vgl. beispielsweise den Schutzumschlag zu Günter Wermuschs Report »Die Bernsteinzimmer-Saga«, Berlin 1991

6 Gespräch mit dem Autor, November 1999

7 Karl-Heinz Janßen: »Sonderauftrag Linz«, in: *Die Zeit*, 2. Januar 1987

8 Gespräch mit dem Autor, Mai 1999

9 Aktennotiz von OSL Schmidt, Döbeln 27.5.1980, BStU. Das Dossier zu Gottfried Reimer ist im Zentralarchiv des Bundesbeauftragten für die Stasi-Unterlagen unter der Signatur MfS BV Leipzig, AOPK 179/82 abgelegt.

10 Operativplan zur OPK »Robinson«, KD Döbeln, 16.6.1980, BStU

11 Operativplan Nr. 2 zur OPK »Robinson«, KD Döbeln, 16.2.1981

12 Gespräch mit dem Autor, November 1999

13 Bericht des IM »Bernd«, KD Dresden-Stadt, 2.7.1980, BStU

14 Gespräch mit dem Autor, November 1999

15 Ebenda

16 Ebenda

17 Gespräch mit dem Autor, Mai 1999

18 »Stasi-Akten über Suche nach dem Bernsteinzimmer aufgetaucht«, in: *Berliner Zeitung*, 10.11.1999

19 »Nicht mit der Morgengabe ins Haus fallen«, in: *Die Welt*, 20.1.2000

20 *dpa*, Bremen, 25.1.2000

Epilog (S. 218 – 225)

1 Gespräch mit dem Autor, August 1996

2 Gespräch mit dem Autor, 1996

3 Archiv des Verfassers

4 Gespräch mit dem Autor, August 1996

5 Ebenda

Abbildungsnachweis

Dietmar Arnold: S. 181
Günter Blutke: S. 49
Reiner Janick: S. 19, 80, 224
Bernd Settnick/Zentralbild: S. 45
Vario-Press: S. 77
Erhard Schreier: Einband

Archiv Albrecht: S. 29
Archiv Arnold: S. 15
Archiv Heidemann: S. 113, 125
Archiv Dr. Matthäus: S. 99
Archiv des Bundesbeauftragten für die Stasi-Unterlagen:
    S. 121, 137, 143, 170, 174
Archiv des Verlages: S. 146, 191, 213
Archiv des Autors: S. 161, 186, 198

Silberschätze im Wald bei Dresden

Georg Kretschmann
Das Silber der Wettiner
Eine Schatzsuche zwischen Moskau und New York

1. Auflage 1995
176 Seiten, 25 Abbildungen
gebunden
38,00 DM/sFr.; 278 öS
ISBN 3-86153-088-0

Nach dem Ende des Zweiten Weltkrieges zwangen russische Offiziere die Vertrauten der sächsischen Königsfamilie zur Preisgabe des Verstecks der jahrhundertealten Silbersammlung des Hauses Wettin. Nach der Ausgrabung im Wald von Moritzburg verschwanden die prachtvollen Stücke für Jahrzehnte in russischen Geheimdepots. Plötzlich tauchten einzelne Teile des berühmte Tafelsilbers in Museen, den amerikanischen Auktionshäusern Christie's und Sotheby's und auf dem schwarzen Markt auf.
Wie im Falle des Priamos-Schatzes beginnen auch um das sächsische Hofsilber langwierige Verhandlungen auf Regierungsebene. Der Fernsehjournalist Georg Kretschmann folgt seit Jahren den Spuren diese wertvollen Kunstobjekte. Er schildert auf spannende Weise die Jagd unterschiedlich motivierter Gruppen nach dem Silber und vermittelt zugleich ein Stück deutscher Kulturgeschichte.

Wer bisher von der spektakulären Bernsteinzimmersuche gebannt war, wird vom Silberschatz genauso angezogen.

Ostthüringer Zeitung

Ein nicht nur für sächsische Leser fesselnder Kriminalroman. Neben dem Genuß der vorzüglichen Reportage bietet das Buch wichtige Informationen zur neueren Geschichte der Dresdner Silberkammer.

Sächsische Zeitung

Ch. Links Verlag, Schönhauser Allee 36, 10435 Berlin

Praktiken der Kunst & Antiquitäten GmbH

Günter Blutke
Obskure Geschäfte mit Kunst und Antiquitäten
Ein Kriminalreport

2. Auflage 1994
184 Seiten, 57 z.T. farbige Abbildungen
Broschur
38,00 DM/sFr.; 278,00 öS
ISBN 3-86153-085-6

Der Kunstwissenschaftler Günter Blutke spürt einem ganz besonderen Kapitel jüngerer deutscher Kulturgeschichte nach: der systematischen Ausplünderung von privaten Kunst- und Antiquitätensammlungen der DDR zum Zwecke des staatlichen Exports. Devisennot kennt kein Gebot, hieß die Maxime. Die kulturelle Verarmung eines ganzen Landes wurde dabei der zielgerichteten Geldbeschaffung untergeordnet.

Der Autor beschreibt nicht nur die obskuren Praktiken der Steuerfahnder und der eigens für den Raub geschaffenen Kunst & Antiquitäten GmbH aus dem KoKo-Bereich von Schalck-Golodkowski, sondern auch das Schicksal vieler betroffener Sammlungen und einzelner wertvoller Stücke. Verfolgt wird deren Weg bis zu den neuen Besitzern in Westeuropa, die oft von der wahren Herkunft nichts ahnen.

Ein realer Einblick in den damals existierenden Sozialismus, der nicht nur Kunstinteressierte zutiefst deprimieren dürfte.

Der Spiegel

Die Fakten, die Blutke referiert, sind schlagend. Er ist ein intimer Kenner der Szenerie, gelernter Kunsthistoriker. Er nennt Namen westlicher Großeinkäufer, verfolgt einige Wege hochkarätigen Diebesguts, zeichnet Firmenverflechtungen nach, skizziert Karrieren.

Die Zeit

Ch. Links Verlag, Schönhauser Allee 36, 10435 Berlin

Geheimnisse im Berliner Untergrund

Dietmar und Ingmar Arnold
Dunkle Welten
Bunker, Tunnel und Gewölbe unter Berlin
Mit Fotografien von Frieder Salm

4. Auflage 1999
224 Seiten, 89 Farb- und 147 S/w-Fotos
gebunden
68,00 DM/sFr.; 496,00 öS
ISBN 3-86153-129-1

In diese unterirdische Zauberwelt hat sich bisher kaum jemand gewagt. Drei Berliner »Untergrundforscher« bringen jetzt Licht ins geheimnisvolle Dunkel der Berliner Unterwelt.

Berliner Zeitung

Ein Städteplaner, ein Historiker und ein Fotograf haben sich zusam-
mengetan, um den Leuten in der Oberwelt kundzutun, über welch ge-
heimnisvoller Zauberlandschaft diese täglich ihre Döner verzehren,
ihren Bürostreß ausleben, ihre Autos lenken, ihren Tagträumen nach-
hängen. (...) Ein mit reicher Farbfotografie von Frieder Salm ausge-
statteter Nachfolgeband des so erfolgreichen Buches »Geisterbahn-
höfe«.

Die Welt

Frieder Salm hat auf faszinierenden Farbfotos raffiniertes Licht ins
Dunkle gebracht und ermöglicht so einen tiefen Blick in
Welten, die ansonsten weitgehend verschlossen bleiben.

Neues Deutschland

Ch. Links Verlag, Schönhauser Allee 36, 10435 Berlin